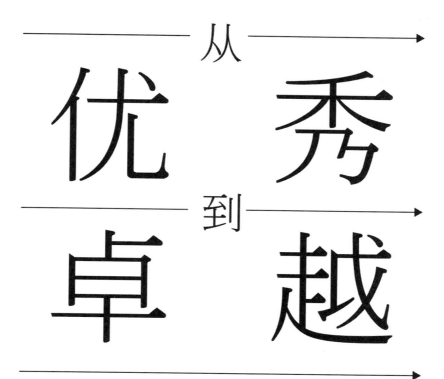

从优秀到卓越

人才成长与业务发展共舞

孙改龙 ◎ 著

中国铁道出版社有限公司

CHINA RAILWAY PUBLISHING HOUSE CO., LTD.

图书在版编目（CIP）数据

从优秀到卓越：人才成长与业务发展共舞 / 孙改龙
著 .—北京：中国铁道出版社有限公司，2021.2
ISBN 978-7-113-27388-0

Ⅰ.①从…　Ⅱ.①孙…　Ⅲ.①企业管理-人才培养
Ⅳ.① F272.92

中国版本图书馆 CIP 数据核字（2020）第 216638 号

书　　　名：从优秀到卓越：人才成长与业务发展共舞
　　　　　　CONG YOUXIU DAO ZHUOYUE: RENCAI CHENGZHANG YU YEWU FAZHAN GONGWU
作　　　者：孙改龙

策划编辑：王　佩　　　　　编辑部电话：(010) 51873022　　　邮箱：505733396@qq.com
责任编辑：张文静　王　佩
封面设计：仙　境
责任校对：王　杰
责任印制：赵星辰

出版发行：中国铁道出版社有限公司（100054，北京市西城区右安门西街8号）
网　　址：http://www.tdpress.com
印　　刷：三河市兴达印务有限公司
版　　次：2021年2月第1版　2021年2月第1次印刷
开　　本：700 mm×1 000 mm 1/16　印张：12　字数：195千
书　　号：ISBN 978-7-113-27388-0
定　　价：55.00元

前言

　　全球范围的人力资本研究清晰地表明，人才资本是推动经济增长和国家强大的最积极、最关键因素。我国各类高层次人才计划也已经体现出人才资本对于经济发展与强国战略的特殊价值。人才作为科学技术的载体以及创造性、能动性的资源，不仅在生产要素的组合中发挥着独特的联结作用与乘数效应，还能促进各类先进的生产性服务业和生活性服务业的发展，从而最终形成经济增长与人才发展的良性循环。

　　伴随人工智能、大数据、云计算、区块链、万物互联等数字技术的不断渗透，经济范式正在发生革命性变革，使得人才与组织的关系模式面临着巨大冲击。查尔斯·狄更斯在《双城记》中写道："这是一个最好的时代，也是一个最坏的时代"。如今，中国企业在经营中面临的最大挑战是什么？有人认为是品牌和规模，有人认为是激烈的市场竞争，还有人说是产品和服务质量。但中欧工商学院发布的报告则显示，挑战主要来源于人力资源领域和创新领域。纵观当下的中国企业，普遍面临着人才战略缺失、人才短缺、劳动成本上升、流失率高、人才与业务发展融合度不高、人效低等问题。这样一来，组织的发展需求与人才的经营现状就形成了明显的差距：一方面随着组织的快速发展与环境的巨变，对组织的创新管理、人才的快速供应与有效管理提出了更高的要求；另一方面由于企业高度的市场化、创新化，组织对于复合型人才、创新型人才、市场化人才的需求数量剧增；同时，传统人力资源管理工作的弊端不断显现，组织更需要传统的人力资源管理由职能性管理向经营性管理转变，通过人才增值、人效提升来降本增效，通过人才成长与业务发展共舞来促进组织绩效提升。

基于以上种种企业人才经营的困惑，我认为应从四个方面进行改善。

第一，要根据外界环境及企业现状制定科学、合理的人才发展战略。一方面人才发展战略是保障企业人才供应链，提升人才管理的科学性、系统性，决定企业能否健康、可持续发展的基础；另一方面，人才发展战略之所以重要，还体现在它是企业竞争优势的重要源泉。我们知道，企业的竞争优势来源于对技术能力、财务能力和战略能力的整合，也就是我们所说的组织能力。什么是组织能力？组织能力是指企业通过独特的人力资源杠杆，包括人、内部架构和制度流程而打造的一种能让企业在市场中立于不败之地的竞争力。这种竞争力能够为客户创造价值，它是独特的、难以复制的，并且可以传承。显然，人、内部架构、制度流程等人力资源杠杆，也是与企业的人才发展战略密不可分。

第二，要树立人才优先的管理理念，把人才战略上升到企业战略的高度。《华为基本法》中有一句分量非常重的话："我们强调，人力资本不断增值的目标优先于财务资本增值的目标。"多年来，华为快速的发展离不开"人才优化"的管理理念。人才是企业长期增长的动力源，我们广大企业应向华为学习人才优先的经营理念，把人才管理上升到战略的高度，而不仅仅是把人力资源管理作为一项辅助性的行政管理工作来做。

第三，提升人力资源管理的系统性，优化人才的"选用育留评"全过程，由人力资源管理向人力资本经营转变。人力资源是企业最灵活、最具开发潜能的资源，一方面我们可通过人才的培育、有效激励来充分开发人力资源的潜能；另一方面我们可以积极促使人力资源向人力资本转化，把人才作为资本来经营，实现人才价值的增值。

第四，促进人才成长与组织业务发展融合，提升组织人效。彼得·德鲁克说过，管理者的主要工作有两件：一是为团队制定清晰明确的目标；二是带领与辅导成员去实现这个目标。也就是说作为组织的管理者，要促进组织业务目标实现与员工成长共同进行。同时，人才只有充分与业务融合，锁定业务发展的关键价值环节，才能充分发挥人才的优势与价值。因此，促进人才成长与组织业务发展融合是人才管理的重点工作。

本书紧紧围绕以上四个方面的内容，以"人才成长与业务发展共舞"为主线，从八个章节进行全面阐述，力求帮助大家梳理人才发展战略的制定、人才规划与人才的选用育留、人才激活、人才与业务发展融合等方面的知识与技能，打造企业的人才竞争力，实现组织发展与人才成长共舞。

本书特色：

一是内容丰富，实操性强。本书将理论、案例、实操融为一体；理论由浅入深，逻辑性强；案例来源真实，提供的方法切实可行。

二是易读易懂，快速上手。书中提供的工具、表格、方法论，均来源于长期一线的亲身实践，保证读者看得懂、用得上。

三是聚焦本质，科学系统。本书从行业高度、企业深度、员工角度点线面结合，紧紧围绕人才战略制定、人才成长与业务融合、人才考核与激活、人效提升等内容详细展开，提升人力资源管理的高度，聚焦人力资源管理的本质，提出"人才成长与业务发展共舞"的新理念，寻找新时代下人才快速成长与组织业绩提升的共同突破点，推动组织健康可持续发展，打造长青基业。

适用对象：

• 人力资源部总监（主任）、主管、专员等相关人员；

• 企业各级管理者和各类团队管理者；

• 单位一线的班组长、基层管理者；

• 各高校人力资源管理专业的学生及其他对人力资源感兴趣的人员。

孙改龙

2020 年 10 月

目录

第 **1** 章

人才领航：从组织战略到人才战略的基本思路

在互联网时代背景下，企业要想成为行业赢家并且立于不败之地，很大程度上取决于其能否在人才战争中获胜。组织对人才的管理应不仅仅停留在人力资源管理的范畴，而应上升到组织战略的层面。如今企业的人才战略思考必须具备一定的前瞻性，要紧紧围绕组织战略目标与内外部环境来制定，确保组织未来发展的人才数量与质量的供应，占领人才发展的制高点。

1.1　企业人才战略由外而内的整体思考

企业经营者时常会思考三个问题：战略、执行和人才。战略指引企业的发展方向，执行保障战略目标的落地，而人才是战略制定与执行落地的主体。因此，三个问题中最重要的是人才。如今的时代，人才的价值越来越凸显，人是经济社会发展的"第一资源"，同样人也是企业发展的"第一资源"，甚至可以说，经营企业的核心就是经营人。随着人工智能、大数据、区块链、物联网等技术的不断渗透，企业的组织形态、商业模式、人才管理模式、生态链都将面临巨大的变革。一方面，商业环境变化越来越快，企业之间的竞争越来越激烈；另一方面，给企业内部的战略决策与人才培养带来了更大的挑战。人才的投资、人才的储备、人才问题的解决是行业、产业和企业在时代变化下快速适应的有效"利器"，是企业成功的"秘密"。

因此，对人才的管理应不仅仅停留在人力资源管理的范畴，而应上升到组织战略的层面。如今企业的人才战略思考必须具备一定的前瞻性，确保组织能力与工作流程能够在适当的地点、适当的时机可持续地提供适当的人才，以满足企业短期和长期的经营目标。

1.1.1　人才战略静态与动态的两种思路

所谓人才战略是企业为适应日益变化的外部环境需要和人才自身发展的需求。根据企业的发展战略并充分考虑员工的期望而制定的人才开发与管理的全局性、长远性和纲领性的谋划和方略，它包括人才引进、人才开发、人才激励、人才使用、人才结构等多方面的内容。人才战略是组织战略的重要组成部分，是基于企业战略而制定的。

传统的人力资源管理是企业为了达到组织目标而进行的对人力资源有效运用的整合战略和有效计划的开发过程，它一般包括六大模块：人力资源规划、招聘与配置、培训和开发、薪酬和激励、绩效管理和劳动关系。而战略性人力资源管理的观念认为，人力资源管理必须与企业战略相匹配才可以发挥其应有的作用，进而有助于企业绩效的提升。

人力资源管理对企业绩效的提升包括两条路径：一是通过提升员工的工作能力，直接对企业绩效产生影响；二是通过匹配与支持企业战略、业务发展策略对企业绩效产生积极的影响。人力资源管理对企业绩效的影响路径如图 1–1 所示。

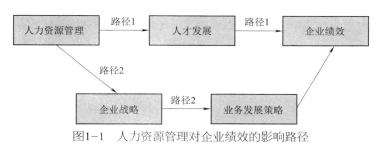

图1-1　人力资源管理对企业绩效的影响路径

（1）从图 1–1 中的路径 1 来看，人力资源管理通过对人才的选用与培育，以及提升员工的专业技能和综合素养，提升其岗位胜任力，从而对企业绩效直接产生影响。这是一种静态的人才战略思路。

（2）从图 1–1 中的路径 2 来看，人力资源通过与企业战略、业务发展策略相匹配进而提升企业绩效。根据目标分解理论，企业的总体目标必须分解为相应的职能目标和部门目标；相应地，为实现企业目标而设置的企业战略要有各部门相应的职能战略来支撑和匹配。人力资源的人才战略也应如此，要配合企业经营和战略的转变而进行适应性调整。这是一种动态的人才战略思路。

1.1.2　人才战略由外而内的整体思考

企业成功的关键在于人才，"企"之一字，有"人"为企，无"人"为止；先要有人，才有业绩，人是企业的根基。而人才战略是保障企业有足够数量与质量人才供应的关键。

笔者花了很长时间去思考人才战略由外而内的关系，尝试把它梳理成一个层次分明的模型，便于读者更好地理解影响制定人才战略的因素，称之为"制定人才战略的 148 思考模型"，如图 1–2 所示。

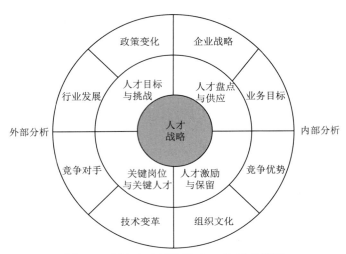

图1-2 制定人才战略的"148"思考模型

1. 制定人才战略需要思考的四个维度

人才战略的制定是一个较为复杂的过程，它的根基是组织战略和业务目标，我们对人才战略的工作分解，重点需要考虑四个维度。

维度一：人才目标与挑战。思考企业战略对人才管理的目标与挑战是什么？未来2～5年企业的发展，有多少的人才缺口需要弥补？为满足企业未来的发展，对人才培养的挑战有哪些？

维度二：人才盘点与供应。在对现有人才进行盘点的基础上，思考如何保障企业未来发展的人才供应，包括充足的人才数量和高标准的人才质量。这主要涉及人才的招聘和人才的培养工作。人才供应链的打造是人才战略的关键维度。为组织的发展快速找到合适的人才以组建持续的、有战斗力的团队，这就是人才供应链。

维度三：人才激励与保留。思考我们该如何激励与保留人才，这主要涉及使用人才（人才的选用、绩效考核、员工激励等）和发掘人才（人才转岗、挑战性任务、内部交流、技能比赛等）。

维度四：关键岗位与关键人才。思考哪些岗位是关键岗位？怎样培养与保留关键岗位上的关键人才？这主要涉及关键岗位的设定、打造及关键人才的选用育留。关键岗位，是指直接影响组织发展及绩效达成的，起到了至关重要作用的管理类及业务类岗位的总和。也就是说，关键岗位是组织绩效产生的重要来源。因此，关键岗位和关键人才的打造也是人才战略应思考的重要维度之一。

2. 制定人才战略应考虑的八个因素

我们应从内外两个视角来综合分析影响组织人才战略制定的因素，外部视角主要指外部客观环境，内部视角主要指内部组织环境。影响组织人才战略制定的外部因素包括：政策变化、行业发展、竞争对手和技术变革；影响组织人才战略制定的内部因素包括：公司战略、业务目标、竞争优势和组织文化。

（1）政策变化。国家政策会给行业和企业自身的战略带来直接影响，进而影响人才战略。

（2）行业发展。主要指行业的周期性规律、大环境变化及行业的发展趋势对组织的影响，从而影响组织的人才战略。

（3）竞争对手。当企业面临不同的竞争对手，可能采取的组织战略不同，因而人才战略也随之改变。如果竞争对手的策略发生了变化，而企业无法再保持战略优势，那么就必须调整竞争战略进而改变人才战略。

（4）技术变革。往往由于技术的变革会带来企业的产品战略变革，进而对人才战略带来直接冲击，这也是"HR 密联业务"层面的思考。新时代下，5G 技术与大数据广泛应用于各行各业，对于这类新技术人才的培养一定会成为企业制定人才战略的思考因素之一。

（5）企业战略。企业战略是制定人才战略的基础，而人才战略是所有战略的核心。比如，阿里巴巴自 2015 年来进行了多次大的组织架构调整，使其不断布局未来。而人才战略是支撑阿里组织架构调整的基础，扎实的人才战略带来了阿里良将如潮的人才梯队和独特的人才培养机制，支撑其组织结构和业务变革。

（6）业务目标。企业的业务目标是准确预测人才数据与质量供应的重要依据，企业究竟该招多少人？该招什么样的人？这些都与企业的业务目标有着密切的联系。

（7）竞争优势。企业的竞争策略包括低成本策略和差异化策略，这两种策略背后的人才战略是不一样的。低成本策略讲究的是薄利多销，可能采取的是"人海战术"，在人才数量上要求更高；而差异化策略讲究的是高价值的核心产出，可能采取的是"高技术、高价值战术"，在人才质量上要求更高。

（8）组织文化。组织文化的核心是"愿景""使命"和"价值观"，这些是在战略之上的思考，决定企业战略的大框架、基本方向。因此说，组织文化是企业人才战略的基础和内环境。

1.2 人才供应链是人才战略的关键

一家企业的发展离不开人，没人谁干活？没人怎么会有效益产生？因此，为保障企业的稳定快速发展，必须要有足够数量和质量的人才，并由这些人才组成有战斗力的团队。也就是说，人才供应链是人才战略的关键。所谓人才供应链的概念是指人力资源部以满足组织发展需求为前提，对整个人才管理流程进行计划、协调、控制和优化。主要包括：（1）及时响应组织人才需求；（2）加速人才部署与人才缺口补给；（3）提升人才使用效率；（4）杜绝冗员；（5）内部人员动态平衡，优化用人环境。

人力资源部需要通过招聘、培养来保障企业人才供应链的数量与质量，这是人才战略的核心工作之一。从数量供应维度来说，一方面通过加大招聘力度，使更多优秀的人才加入企业；另一方面通过有效的激励留住人才，保持企业人才池的稳定，如图1-3所示。但企业人才的供应光有数量还不够，必须在人才质量维度满足组织发展的需求，这就需要对人才进行有效的培养。

企业人才的供应一般可分为三个渠道：Buy（招聘）、Build（培养）和Borrow（借用），这三种方式各有特色，其中"招聘＋培养"是企业最常用的人才供应组合方式。

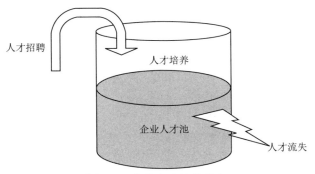

图1-3　企业人才池的建立

1.2.1 如何从招聘维度来保障人才供应的数量与质量

从招聘维度来保障人才数量与质量是满足组织发展所需人才供应的基础，但在实际工作中，往往发现在人才招聘过程中出现许多问题：（1）需求预测不准，尤其是很难准确预测企业发展的长期人才需求；（2）招聘过程中，面试官存在主观认知偏差，不能科学公正地选聘到合适的人才；（3）市场上一下很难招聘到组织所需的高精尖及特殊技术人才；（4）好不容易招进来的人才，进入企业后留不住，流失严重。针对以上问题，我们在招聘维度要做好以下 4 点工作。

1. 科学分析，合理预测企业未来发展所需人才缺口

首先，我们要通过一图三表（组织架构图、员工工作量化表、岗位说明书、岗位考核表）来综合分析、预测企业未来发展的人才需求缺口；其次，保持与高层领导的沟通，及时捕捉高层领导的未来战略决策，准确分析组织未来发展对人才的需求；再次，在这个不确定的时代，我们要知道什么是可预知、什么是不可预知的，当不可预测时，该如何应对变化。

2. 拓宽招聘渠道，规范面试流程

一方面我们要拓宽招聘渠道，通过多样化的招聘渠道去找寻组织发展所需的各类人才；另一方面要进一步规范面试流程，加强对面试官的培训，尽量以科学公正的招聘方式将更多优秀的人才招进企业。

3. 通过培养、借用等方式灵活地保障组织发展所需的高精尖人才

往往企业中部分关键岗位所需的高精尖人才及特殊人才在市场上很难一下子招聘到位，这就需要企业有前瞻性的人才供应思维，通过内部培养、借用等方式灵活地保障人才供应。甚至企业可以把部分工作外包出去，这样既节省了成本，又减轻了企业的招聘压力。

4. 加强对新员工的关怀与激励

当新员工进入企业后，企业应组织相应的培训，导师传帮带，加强对新员工的关怀与激励，以使其更好地留下来，安心、快速地进入工作状态。

1.2.2　如何从培养维度来提升人才供应的数量和质量

如果说招聘是输血，那么人才培养便是造血，从短期来看，外部招聘的人员可能到岗时间快、数量大，但外聘员工往往需要花时间与企业去磨合，才能走向工作岗位。在此过程中，部分外聘人员因难以适应工作要求及工作环境，而选择离职。因此，"外部招聘 + 内部培养"相结合才是一种长效机制。

人才培养工作是人才供应链的重要支撑，培训是为人才供应服务的。往往新员工招进企业还不能马上进入岗位工作，必须经过一定时间的培训与传帮带。就犹如一个士兵没有经过训练就送往战场，那将必死无疑。同时，人才培养是一个持续的过程，它贯穿于员工职业生涯的全过程。根据人才供应链的需求特点——数量（有没有）＋质量（好不好），我们可将人才培养项目分为两大类。

1. 数量级的培养项目

这类人才培养项目是使员工"可用"。其目的是快速补充业务发展所需的人才，它表现的特点是在规定的时间段内，快速培养出对应岗位的人才，填补相关人才缺口。这类项目又可细分为二类培训项目，一类是基层技能型岗位培训，这种培训往往聚焦于应知应会、专业技能，通过培训使员工快速提高专业知识和技能，快速进入岗位角色；第二类是"人才梯队"培养，在规定的时间内产出预期数量的人才。比如管理者人才梯队培养，1 年输出 100 个主管，2 年输出 30 个经理人，3 年输出 10 个高级经理人。

2. 质量级的培养项目

这类人才培养项目是使员工"好用"。这类培训项目旨在提升在职人员的作战能力，助推其提升岗位胜任力，开拓创新提升其绩效水平。因此，这类培训项目不是普及性的应知应会教育，而是着重提升员工"解决问题""提升绩效"的能力，针对学员在工作中遇到的问题、工艺及流程改善、管理优化等维度开展针对性地培训，充分推动问题的有效解决和组织改善。

1.2.3 如何通过人才的动态管理来保障人才供应的数量与质量

除了招聘和培养，我们还可以通过人才的动态管理来保障人才供应的数量与质量。传统的人力资源管理强调的是如何留住员工，如何保持组织成员的稳定。如果将人才库看成水库，传统的管理强调的是尽量减少放水以保持水位，而现代的人力资源管理理念则倡导动态管理，认为必要的人才流动有助于保持组织的活力。有时，对于部分国有企业来说，确实存在冗员的现象，但部分工作岗位却找不到合适的人来做，可能还会出现结构性缺员的问题，表现为部分老员工知识陈旧，对于新技术、新的工作要求能力跟不上。这样一来，人才的动态管理就显得很有必要。

现代的组织人才供应链理念认为有两点至关重要：一是花最少的钱找到最合适的人；二是用最少的人创造最大的效益。循着这个理念出发，企业可以通过以下方式来加强企业人员的动态管理：提高人岗匹配率、轮岗、借用、外培、内部竞争与激励等方式，如图 1-4 所示。

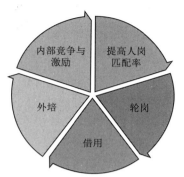

图1-4　组织中人才动态管理的5种常用方式

（1）提高人岗匹配率。所谓人岗匹配是指将合适的人放到合适的岗位，使得人尽其才，岗得其所。能岗匹配是双重匹配，一方面岗位要求与员工的知识、技能、能力相匹配；另一方面工作报酬与人的工作动机相匹配。提升人岗匹配率是提升人才使用效率，减少浪费的最佳方法，也是保障人才供应的关键环节。

（2）轮岗。通过轮岗可培养员工的一专多能；也可设置 AB 岗培训机制，即 A 岗位责任人在承担 A 岗位职务的同时，学习 B 岗位的业务工作，在 B 岗位责任人因出差、休假情况离岗时，可以接替 B 岗位工作，可防止因工作人员缺岗、空岗带来的损失与风险。

（3）借用。借用又可分为内部借用与外部借用。内部借用主要指在企业或集团内部横向借用人才，它可快速弥补空缺岗位且上手迅速；当内部无所需的人才时，可向兄弟单位或外部专家机构借用人才，这类人才往往是企业急需的高精尖技术型或管理型人才，可有效弥补企业长期以来该类人才的空白。

（4）外培。如果说外部借用是请进来，那么"外培"便是走出去。通过向外派遣相关技术或管理人才到指定培训单位进行培训，有效提升员工相关的能力，从而提升人才使用的质量。

（5）内部竞争与激励。通过内部竞争与激励可有效激发员工工作的内生动力，人才的使用不仅要考虑其会不会干，更要考虑其愿不愿意干。通过引进鲶鱼机制，加强内部的竞争与有效激励，让愿干事的干成事，让不愿干事的变得愿意干事。

1.3　人才能力需要支撑组织的核心能力

组织核心能力是企业安身立命的根本，是企业能够在市场上占有一席之地和盈利成长的立足点。所谓组织核心能力是指企业的主要能力，即企业在竞争中处于优势地位的强项，是其他竞争对手很难一下达到或无法具备的能力。这可以是研发能力、生产能力、财务管理能力、客户运营能力、服务能力、销售渠道、资源整合能力等，对于不同的企业可能会有其不同的核心能力。例如华为、苹果是典型的"技术领先"公司，海尔、格力是典型的"质量领先"公司，海底捞是典型的"服务领先"公司，麦当劳是典型的"运营领先"公司，阿里巴巴是典型的"平台整合"公司，娃哈哈、王老吉是典型的"销售渠道"公司。

1.3.1 人才能力与组织核心能力相匹配

不同的企业对人才要求的标准是不一样的，人才的能力要能很好地与组织核心能力相匹配，成为组织核心能力的有效支撑。

一家希望"技术领先"的企业所对应的人才能力必须在"专业"和"创新"上有所体现，因此你能看见华为在全世界招揽专业人才与创新人才。一家希望依靠"服务领先"的企业所对应的人才能力必须在"用心服务"和"细节"上有所体现，所以你能看到海底捞员工百分百用心地服务。一家希望依靠"运营卓越"的成功企业，对应的人才能力则需要在体系建设和优化、高效运营和执行上有突出表现，所以麦当劳的员工标准化管理做得非常到位。表 1-1 提供了匹配不同组织能力的人才能力示例。

表 1-1　不同组织能力与人才能力匹配示例表

组织核心能力	企业举例	特点	人才能力要求
技术领先	华为、三一重工	技术突破和领先	专业、创新、研发能力
质量领先	格力、海尔	品质保障与用心服务	精益求精、技术钻研、关注细节
服务领先	海底捞	极致服务、强调客户体验	用心服务、以客为尊
成本优势	丰田汽车	低成本、高产出	成本控制、流程优化能力强
渠道优势	农夫山泉、娃哈哈	渠道广、铺货能力强	勤奋、肯干、渠道客户黏性强
平台优势	美团、拼多多	共享和整合资源、借用平台力量	协作共赢、数据分析、用户黏性
运营卓越	麦当劳	流程的优化和效率的提升	体系建设和优化、高效运营和执行

需要注意的是，组织能力不是一成不变的，它的存在是为了支撑企业在不同阶段的战略。当组织核心能力发生变化时，所需的人才标准也随之发生变化。要让人才能力成为企业核心组织能力的有效支撑。

1.3.2 企业人才标准构建与支撑性策略

1. 企业人才标准的构建

不同企业由于战略目标、组织文化、核心竞争优势不同，对于企业的人才标准要求是不一样的。这就使得不同企业的人才招聘甄选标准与人才培养重点是不一样的。完整的企业人才标准包括：知识、技能、胜任力、心理特质和经历 5 部分内容，如图 1-5 所示。知识和技能是比较显性的特性，对工作见效迅速、直接；胜任力是人才标准的关键呈现，是企业对人才的核心胜任要求；心理特质是人才素质冰山模型中冰山以下的部分，是支撑员工行为背后的心理表征。经历代表一个人的历练与经验。

图1-5 人才标准要求全景图

建立企业的人才标准一般可分为三个步骤：第一步业务解读，通过对企业的业务解读，综合分析需要什么样的条件才能支持企业业务的快速发展；第二步组织能力解读，围绕第一步的必然条件，解读企业的组织能力，其中必然会落到人才的快速培养能力，人才应当具备什么样的素质？这就是人才标准的要求；第三步构建人才标准模型。在业务解读和组织能力解读基础上，综合分析组织所需人才的要求，建立人才标准模型。

2. 胜任力素质模型的构建

胜任力素质模型是建立人才标准的最常用的方法之一。所谓胜任力素质模型通常指的是能力素质模型，是将某一工作中成就卓越与一般的员工区别开来的特征。一套完整的胜任力素质模型应该包括：模型结构、指标名称、指标定义、指标维度、行为等级等，而简单的胜任力素质模型可以没有模型结构或行为等级描述。

以华为公司为例，其领导者胜任力素质模型如图1-6所示。

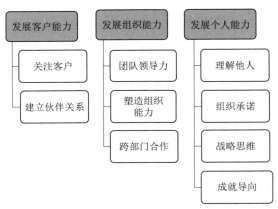

图1-6　华为公司领导者胜任力素质模型

表1-2为华为公司领导者胜任力素质模型中"发展客户能力"的两个指标描述。

表1-2　发展客户能力指标

等级	关注客户	建立伙伴关系
	这是一种致力于理解客户需求，并主动用各种方法去满足客户需求的一种行为特征，"客户"指现在的、潜在的客户（内外）	这是一种愿意并能够找出华为与其他精心选择的合作伙伴之间的共同点、与他们建立互利共赢的伙伴关系，以更好地为华为的客户服务
1	及时响应客户的明确需求	对外开放，建立联系
2	解决客户的担忧，主动发现并满足客户未明确表达的需求	开展对话
3	探索并满足客户潜在的需求	共同发展伙伴关系
4	想客户所未想，创造性服务客户	寻找共识，实现共赢

胜任力素质模型的快速构建可分为六个步骤：第一步战略解读，理清建模的目的与方向；第二步确定胜任力评价要素的收集方法，可以通过调研、员工座谈、现场观察等方式来收集员工的哪些素质对工作有利、哪些素质对工作不利、哪些地方可以改进；第三步根据不同岗位特性，选择不同的考核要素；第四步邀请内外

部专家共同探讨，做出专业评估；第五步初步建立员工胜任力素质模型；第六步对胜任力素质模型进行有效评估与及时反馈，使之与企业实际相结合。

3. 人才的支撑策略

人才的支撑主要体现在对组织战略的支撑、对业务的支撑及对组织核心能力的支撑三大维度，其具体支撑维度包括：人才的数量、人才的结构、人才的专业能力、人员效能、创新水平、协作性及特殊人才的支撑。人才支撑度评价表如表 1-3 所示。

表 1-3　人才的支撑度评价表

人才支撑维度	对战略的支撑 （1～10 分）	对业务的支撑 （1～10 分）	对组织核心能力的支撑 （1～10 分）
人才数量			
人才结构			
专业能力			
人员效能			
协作性与创造性			
灵活性与创新性			
高精尖及特殊人才			

由于组织战略、业务目标及组织核心能力是变化的，因此，人才的支撑维度与重点也随之调整，它是一个动态的管理过程。

1.4　人才战略还要锁定关键岗位和关键人才

人才供应链为企业人才战略提供了持续的、稳定的人才来源，支持了业务战略的落地。但往往由于企业的资源是有限的，所以，企业的人才战略还必须锁定关键岗位和人才，这样既能使组织中资源最大化地利用，又能确保人才战略的有效性。

在互联网时代，人才价值的两极化越来越严重，有时一个顶尖的技术专家型人才可能抵得上 100 个普通的员工，同时，关键岗位上产出的绩效往往比一般岗位产出的绩效要高。根据二八原则，20% 的岗位或 20% 的人才能产出 80% 的绩效，所以，锁定关键岗位与关键人才是公司人才战略的重点工作之一。

1.4.1　关键岗位的打造

关键岗位是指直接影响组织发展及绩效达成的、起到至关重要作用的管理类及业务类岗位的总和。在组织中，关键岗位发挥重要的作用，锁定关键岗位等于锁定了组织中的大部分的绩效产出。

关键岗位的打造，我把它分为四个步骤，如图 1-7 所示。第一步界定，明确什么是关键岗位，它的来源有哪些；第二步识别，识别关键岗位的胜任标准；第三步培养，承担关键岗位的人才培养；第四步动态管理，包括培养效果评估与岗位的动态管理。

图1-7　关键岗位打造四步骤

（1）界定。即界定关键岗位的标准与来源。很多人认为关键岗位就是那种很难招聘到的、技术含量高的或者薪酬高的员工岗位，其实不然，关键岗位是对企业成败影响大或利润产出大的岗位。从数量上来讲，根据二八原则，关键岗位控制在 20% 以内。一般包括以下三种岗位：一是承担企业关键业务，对企业未来发展起至关重要作用的岗位；二是需要特殊技能，培养周期长，在企业中替代性差而需求量大的岗位；三是直接产出利润高的岗位。例如，在制造型企业中，生产研发和市场营销往往是关键岗位。

（2）识别。即识别关键岗位的胜任能力。这是企业用于招聘选拔关键岗位人才的重要标准，也是培养关键岗位人才的重要依据。

（3）培养。即利用一定的项目、手段来完成关键岗位的人才培养工作，使关键岗位的人才符合并超越岗位的胜任标准。往往企业对关键岗位人才培养的价值远远超过对普通岗位人才培养的价值，因为他们的产出价值更高。

（4）动态管理。对关键岗位的动态管理又包括三个方面的内容：一是对人才培养项目的有效性进行评估；二是对岗位人才的动态管理，可设置 AB 角色，尽量做到关键岗位不缺人、不空岗；三是随着组织战略调整及业务发展，可能关键岗位本身会随之变化，因此，重新界定与识别关键岗位也是动态管理的一部分。

1.4.2　关键人才的识别与培养

1. 关键人才的识别

关键人才是企业为数不多但影响巨大的员工。从数量上来看，我们可以遵循"2% 法则"，即无论多大规模的企业，都只会有极少数的关键人物（占比 2% 左右）会对组织效能产生巨大影响。这可从以下 4 个基本维度来进行识别：

（1）能够影响企业的战略及发展。

（2）对企业的业绩产生重大影响。

（3）对企业发展过程中的某个阶段起着重要推动作用。

（4）把握着企业的命脉，影响着团队的重大业绩。

由此推断出关键人才的来源可能有以下 4 种：

（1）核心高管，如企业的生产部门主任、研发部门主任、技术部门主任和营销部门主任等，这些高管一般都是企业的关键人才。

（2）对企业业绩产生巨大贡献者或企业工作中的"标杆者"。对于基层员工来讲，如果他在改良生产流程、优化工艺方面做出技术革新性的突破，给企业带来很大的经济效益，那么他就是企业的关键人才。如国家级、省级劳模，往往是绩效改善、技术创新方面的"标杆者"。

（3）对企业的业绩、利润有重大影响者。比如研发部和销售部，这两个部门的明星员工都有可能成为企业的关键人才。

（4）对企业的战略有较大推动的人。比如集团的战略投资部门、总经办的核心人员也有可能成为企业的关键人才。

2. 关键人才的培养与关注

企业关键人才是极少数的，所以应集中资源对其进行培养与重点关注。有能力的人往往有性格，有时还需要对这些人员进行包容，不能光盯着他们的缺点，而是要着重发挥他们的优点。

腾讯有一个传奇人物叫张小龙，这个人非常低调，很少有人知道，直到微信的诞生，才慢慢被人挖掘出来。由于微信给腾讯带来了巨大的价值，所以张小龙在腾讯的地位很高。尽管他太爱"睡懒觉"，经常"迟到"，但马化腾对此选择了包容，给予他相对灵活的工作时间。外界称张小龙为最嚣张的人并不为过，但他的特立独行，与他早年间的经历与工作性质有关。

毕业后的张小龙成为一个名副其实的"码农"，在广州从事编程工作，期间研发了一款国产邮件客户端 FoxMail，相信很多人都听过、也用过这款软件。当时这款软件的用户数是腾讯邮箱的 20 倍，非常被看好。

由于张小龙特别喜欢晚上工作，尤其是晚上写代码特别有灵感，于是在编程的几年中养成了晚上写代码、白天睡觉的习惯。凭着对编程的兴趣完成了这款国产邮件软件，在当时的中国，也是少有的。

张小龙特别喜欢独处，外界看来就是一个内向的人。而他本人调侃：自己只是长得比较内向的人。由于自己的特立独行，我们可以看到，微信的启动图里那个仰望月球的人，也许就是张小龙的一个缩影。

在张小龙的 FoxMail 被腾讯收购之后，张小龙将 QQ 邮箱做得非常强大，漂流瓶等功能很受用户欢迎。也许只有张小龙能想到这样的社交手段，内心孤独的人更加需要社交，于是微信诞生了。

因此说对关键人才的包容与重点关注是帮助关键人才成长的重要手段，要给他们更灵活、宽松的环境去创造更好的产品，创造更高的绩效。往往最贵的关键人才是"免费"的，因为他为企业创造的价值往往远超过企业给他支付的薪水。

1.5　未来人才战略的制高点：人才的系统培养与人才生态的打造

1.5.1　现有的人才战略类型

人才战略重点关注两个方面：一方面是人才数量，即需要多少人；另一方面是人才质量，即人才的能力要达到什么水平。人才数量与企业的业务发展情况相关，而人才质量与企业所处的行业和市场竞争环境有关。根据人才数量和质量的匹配，可以将人才战略划分为 5 类：双强型战略、精英型战略、规模型战略、收缩型战略和混合型战略。

（1）双强型战略。既追求人才数量，也追求人才质量，通过全面领先于市场的薪酬招聘人才，高代价挖掘人才，这种人才战略适用于高速发展、市场竞争激烈的高科技型企业，比如华为、阿里、微软、百度等高科技企业。

（2）精英型战略。追求人才质量，不追求人才数量，通过略高于市场薪酬水平吸引人才，通过充分授权来使用和培养人才，甚至通过股权激励来吸引精英人才加入企业。这种人才战略适用于初创的高科技企业或高速发展的资金密集型企业（如房地产、互联网、金融企业），比如"小米"、58 同城在创立之初就采用这种人才战略，他们一般不招应届毕业生，而是招有经验的成熟人才，甚至到竞争对手企业去挖人。

（3）规模型战略。追求人才数量，对人才质量不严格要求。通过完善的制度流程，使工作标准化，降低对人才知识、技能的要求，以降低运营成本，以三流的人才创造一流的业绩。这种人才战略适合于高速发展中的劳动或技能密集型企业（如传统制造业、零售、物流企业），最典型的代表是：麦当劳、富士康及快递公司。

（4）收缩型战略。对人才数量和质量的要求都比较低，甚至还会裁减人才。适合处于业绩下滑、负担过重或者想退出某一市场领域的企业，需要通过减少人才数量来节约成本，轻装上阵。收缩型战略是一种迫不得已的方式。

（5）混合型战略。在企业内部对人才分类分层区别对待。比如对于中高层采用精英型战略；对于一线生产或市场人员采用规模型战略；对于关键岗位人员采用双强型战略；对于部分效益低下的产业或部门采用收缩型战略。

因为任何企业都要经历创业期、发展期、稳定期和衰退期四个阶段，每个阶段可能采取的人才战略不尽相同，甚至同一阶段的不同时段也有可能采用不同的人才战略，各企业要根据自己实际情况选择合适的人才战略以支撑组织战略。

1.5.2　未来的人才战略制高点

人才的数量与质量是保障企业人才供给的关键，而保证人才的数量与质量最常用的方式是：招聘＋培养，但往往赶不上组织所需人才的步伐，于是部分企业提出小投入、快速出成效的"人才孵化器"模式，这需要 HR 部门的精心设计。如今是互联网高速发展的时代，有人形象地称当下的时代为"VUCA 时代"，

VUCA 是四个英文单词的首字母，分别是 Volatility（易变性）、Uncertainty（不确定性）、Complexity（复杂性）、Ambiguity（模糊性）。这四个特性也是当今时代鲜明的写照。在 VUCA 时代下，这种人才培养的方式仍然可能跟不上组织所需人才的步伐，于是部分优质企业又提出：从人才孵化器进化为人才生态的模式，形成人才自动涌动的状态。因此说，未来组织人才战略的制高点是人才的系统培养（包括人才吸引与人才孵化）与人才生态的打造，如图 1-8 所示。

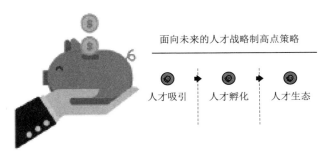

图1-8　面向未来的人才战略制高点策略

1. 人才的系统培养

根据人才价值标准进行分类，可分为：普通人才、专业人才、明星人才和高潜人才。

不同类型的人才，其培养与辅导的方式可能不同，如表 1-4 所示。

表1-4　不同类型人才的培养方式

人才类型	举例	人才基本特点	培养方式
普通人才	一线普通员工、行政后勤辅助员工	公司中的普通岗位员工，一线工作或辅助性工作较多；人员易流动	分层分类培训＋应知应会＋常态化辅导
专业人才	生产技术员工、研发人员、检修人员、调度人员等	掌握着特定的技术能力，技能水平和经验较丰富，需要一定的培养周期	分类培训＋场景化模拟演练＋导师带徒＋技能比武
明星人才	复合型人才、新兴技术人才、全球化人才	复合的行业经验、思维模式和视野跨界 掌握新兴技术，具备实践经验 具有全球化视野、跨文化沟通、海外工作经验	外部培训＋内部经验萃取＋有效传承
高潜人才（明日之星）	青年后备干部、关键岗位人才、绩优员工	即将走向管理岗位的后备人才	专题培训＋重点辅导＋个性关怀

人才的系统培养其关键在于快速孵化，它强调快速洞察人才培养的需求，快速抓取人才培养的内容，快速以场景化方式进行。不仅如此，在人才完成一轮的培养之后，还能收到其在工作中的新反馈，形成新的需求，进入一个新的培养循环。

"精准""快速""经济"是这种培养模式的三个特点。"精准"是指需要什么培养什么，培养的能力高度场景化，而不是过于抽象或含混不清；"快速"是指培养的东西最好是马上能用的，不用经过太冗长的转化过程，就能产出人才和绩效；"经济"是指培养的过程不会浪费太多的显性成本和隐性成本，在大多数情况下，培养过程甚至是融于业务过程本身的。

华为大学作为华为的人才孵化器在业界闻名，输出人才的效率非常高。在华为营业收入规模快速扩张的背景下，华为大学为其提供了大量的可以作战的优秀"将军"。华为大学主张"训战结合""聚焦核心资源，快速提升人效"。

2. 人才生态的打造

当前，对于"人才生态"的定义还很模糊，但鉴于对商业生态的定义，结合诸多管理者对于"人才生态"的理解，可以提炼出一些基本的特征。

（1）物种多样性。物种多样是生态的第一要素，可以说，没有多物种就没有生态。一类物种只能吸收一类能量，多样的物种才具备吸收不同能量的可能。不同的人才聚焦在一起相当于不同的物种，这样才能源源不绝地吸收外界的知识和能量。同时，在人才生态里，具有不同知识结构和行为模式的人在一个平台上共存，价值观是共享的，知识和技能则是各异或互补的。

（2）高度的适应性。人才生态的另一个显著特点是高度的适应性，他们像自然界生态一样能够自我循环、自我进化，打破了组织的僵化，通过生态内人才的适应性提升，从而带来组织的适应性提升。

（3）内部的竞争与合作性。生态物种的另一个特性便是竞争与合作，在自然界各类动物之间相互厮杀，却又能保持一定的合作，从而维护生态的平衡有序。人才生态也是如此，通过内部的竞争与合作，提升团队的工作效率，通过"比学赶超帮"形成良好的竞争合作氛围，促进团队不断进化。

（4）外部的开放性。外部的开放性包括源源不断的人才从外界流入，也会伴随有部分人才退出。同时外部的开放性还指人才生态的开放程度，它不是一个封闭的死系统，而是一个开放的系统，它可以与外界进行知识与能量的交换。正如华为的任正非说："一杯咖啡可以吸收宇宙的能量。"

　　华为正式投入做智能手机的时间与亚马逊差不多，甚至还晚一点。但与亚马逊 CEO 杰夫·贝佐斯的"个人英雄式"的冒险相比，华为选择了截然不同的路径：以"全球创新蜂巢"的组织方式，即没有领袖发号施令的一群蜜蜂，朝着同一个方向飞去。具体而言，就是集合全球的"内外脑"，聚焦便捷实用的智能手机。对于很多企业而言，"蜂巢"是一种知易行难的组织形式 —— 难点在于构建网络的节点。在 2016 年 5 月的一次座谈会上，华为创始人任正非用"一杯咖啡吸收宇宙能量"从侧面解释了华为的"蜂巢思维"。在他看来，蜂群网络的节点可以简化为一个"咖啡杯"，即鼓励华为员工与全球最优秀的人才喝咖啡，交流最前沿的创新想法，并尽可能快速开展合作。

第2章

人才融合：员工成长与业务发展融合

只有当人才充分认同企业的文化与价值观，知晓自身岗位职责，他才算真正融入企业；同时，还要充分了解业务、融入业务，才能充分发挥其价值。新员工进入企业，通过"匹配—融入—磨合—价值创造"四部曲，不断提升自己与企业、业务的融合程度，提升责任心与技能水平，从而创造一流的绩效。

2.1　人才快速融合的五星模型

人才只有融入企业才能真正发挥其价值。表现为他们认同企业的文化与价值观，有着较高的敬业与忠诚度，并愿意积极与业务发展融为一体，干好自己的本职工作，积极为企业的发展贡献力量。

随着技能人才的短缺以及企业文化在社交媒体上的公开化，如何让员工满意并且愿意留下来，已经成为一个事关重大的业务问题。人才融合的"动作"和流程，应该从员工入职第一天开始，并贯穿员工的整个职业发展过程。

为加快人才的快速融合，使其快速与企业融为一体，与业务发展共舞。笔者设计了一个人才快速融合的五星模型，如图2-1所示。我们要做好：入职引导、团队建设、企业文化、融入业务、薪酬与激励五大维度的工作。

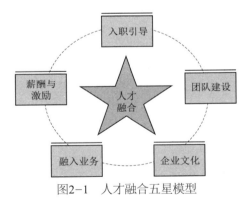

图2-1　人才融合五星模型

1. 入职引导加速人才的融入

入职引导是让人才留下来并加速融入企业的有效手段。通过入职引导让新入职员工和内部晋升员工逐步适应新职位、与组织融为一体，从而尽可能快速、有效、积极地产出绩效结果。大部分的企业都会设计入职引导项目，但很多企业的入职引导流于形式，表现为无计划、不正规、不系统，更不关注入职引导的效果。

一个好的入职引导项目必须有五个基本的目标：一是让新员工理解组织文化；

二是让新员工熟悉工作环境及岗位的要求；三是帮助新员工构筑胜任力素质模型，理解绩效的期望；四是帮助新员工建立有助于其工作效率提升的人际关系网络；五是感受来自领导和团队成员的尊重和支持。

入职引导的时间和流程没有固定的标准，大部分企业的入职引导时间长度在7 ~ 90天，有的培养周期长的岗位人才，其入职引导时间可能会更长。长期的实践经验表明：人力资源部和直接主管是新员工入职引导和新员工长期融入组织的关键推动者。同时，入职引导项目取得成功依赖于最高领导的承诺、参与和支持。我们要把新员工的入职引导当成一个战略性的业务来做，高层领导者支持新员工入职引导项目，就是在支持、强化组织使命和业务流程。高层领导者率先示范，通过大家看得见的"支持和参与"，确保新员工及其领导在"积极为组织成功努力"这一点上与他们达成共识。因此，新员工的入职引导项目可以由企业高层领导亲自担任项目小组最高指挥官，并能出席、参与新员工培训活动及团建活动。这不仅能让新员工感受到企业领导的尊重与重视，也能让企业的使命与责任得到准确、有效的传承。

2. 团队建设增加人才的归属感

一个新员工融入团队中，其语言交流与感情的融入往往早于其工作本身的融入。而团队建设是加深团队成员之间感情，提升新员工归属感的有力手段。通过有效的团队建设能快速消除新老员工之间的隔阂，让新员工快速熟悉工作环境中的人际关系网络，也能让新员工感受其他团队成员对自己的关心与支持，从而提升团队的归属感。

3. 企业文化提升人才的敬业度

企业文化指的是一家企业中人们所共同持有的价值观、行为规范以及由此而形成的组织氛围。《基业长青》作者詹姆斯·柯林斯有言：能长久享受成功的企业一定拥有能够不断适应世界变化的核心价值观和经营实务。任正非也说："资源是会枯竭的，唯有文化生生不息"。企业文化是一整套企业经营的指导规律和原则，是全体员工共同遵守的行为指导，它将大大提升企业员工的敬业度与忠诚度。同时也在积极向客户、社会传递一种经营哲学与价值取向，大大有助于提升客户的黏性与产品的品牌宣传。

阿里巴巴早期的核心价值观是"客户第一"。为了实现这一价值追求，他们还设置了另外两层价值观：第二层是"团队合作"和"拥抱变化"，将员工凝聚在一起；第三层则是"激情""诚信"和"敬业"，是良好的品德，综合起来就形成了阿里巴巴价值观"六脉神剑"。

阿里巴巴的核心价值观与文化是全体阿里人必须遵循的行为导向。马云抓文化，就是捍卫和传承数以万计阿里人的使命、愿景和价值观。

4. 融入业务提升人才的价值度

业务发展是驱动企业前进的永恒动力，只有业务不断发展，才能给企业带来源源不断的利润。与此同时，人才只有融入业务才能真正体现自我价值。因为，人才自身的能力必须通过支撑业务发展才能转化为看得见的成果，否则再大的本事若不能与企业业务融入、不能推动企业发展，也是枉然，甚至可能成为企业的灾难。

华为任正非说："人才不是华为的核心竞争力，对人才进行管理的能力才是企业的核心竞争力。"这是华为最核心的经营理念。中国的很多企业，都可以聚焦到一批优秀的人才，却无法形成强大的价值创造能力，这主要源于对人才的管理及人才与业务的融合度不够。

5. 薪酬与激励提升人才的活力

"薪酬与激励是激发人才持续工作与价值创造的源动力"这一观点是毋庸置疑的，也许有人说不是所有的人都喜欢钱，但我想说的是，钱只是激励的一种形式。有效激励包括很多形式，比如：荣誉、表扬、内部 PK、有挑战性或有趣味性的工作等都是激励的一种形式。

根据马斯洛需求理论模型，每个人都有着各自不同的需求，当员工为企业不断付出的同时，一定渴望企业给予相应的回报与认同。因此说，薪酬是企业吸引人才、激励人才、保留人才的关键之一。而薪酬与激励的结合能有效提升员工工作的积极性与活力，增强员工的凝聚力。

2.2　人才快速融合的四个步骤

加速人才快速融合可分为四个步骤，又称为"人才融合四部曲"，分别是：匹配、引导、磨合和价值创造，如图 2-2 所示。找到匹配企业核心价值观的人才是核心；入职引导、工作指导是有效手段；相互磨合、彼此包容是基础；融入公司、创造价值才是关键。

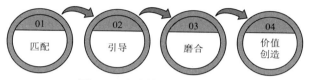

图2-2　人才快速融合四部曲

1. 高效匹配：快速找到匹配企业核心价值观的人才

不同企业在招聘选人维度有不同的具体标准，但有两个维度是通用的：一个是能力素质，另一个是价值观的契合程度。比如，京东招聘员工把价值观放在第一位，价值观匹配后再考虑能力问题。

我们常说："德才兼备，以德为先"，其实这个"德"不好评价，因为它太过主观。对于企业来讲，"德"可以简单理解为是否认同企业的核心价值观，而不要过多谈论其他。只要大家认同企业的核心价值观，就具备了通力合作、共同推动企业发展的底层基础。一家企业，通常不会只有一条核心价值观。

比如，2019 年 9 月 10 日，阿里巴巴全面升级了使命、愿景和价值观，宣布了"新六脉神剑"：（1）客户第一，员工第二，股东第三；（2）因为信任，所以简单；（3）唯一不变是变化；（4）今天最好的表现是明天最低的要求；（5）此时此刻，非我莫属；（6）认真生活，快乐工作。在每一条价值观之下又有具体的各种细则。

在价值观匹配后，再来进行其他方面的匹配，又可分为两个维度：能与岗匹配、人与职匹配。能与岗匹配主要考察员工的能力能否胜任岗位的要求，尽量实现能岗匹配。避免盲目择优录用，认为员工的能力远远高于岗位要求越多越好，其实这样是有问题的。而人与职匹配，主要考虑员工的性格与职业兴趣、职位是否匹配。一旦人格类型与职业兴趣与职位相匹配，员工能产生自在与快乐感，从而积极投入工作。

2. 有效引导：做好新员工入职引导

入职引导在入职培训之前，更多的是在新员工报到入职第一天，这是第一周和第一个月要重点做好的工作。它可不是带着新员工转一圈认识一下同事这么简单，而是需要做好许多方面的细致工作，正所谓"细微之处见真情，细节之上显专业"，入职引导做到热心和做好细节很重要。

现在大多数企业都在推行导师制（或者师徒制），入职引导由 HR 和新员工的导师（师傅）来共同完成，导师一般由部门有责任、有经验的老员工或直接主管担任。

（1）新员工入职引导，HR 的工作内容。

- 指导并协助新员工办好入职手续，帮其办好工牌、门禁、饭卡、登记考勤指纹等，有住宿需求的还需办理入住手续，安顿好新员工。
- 企业周边地理环境、交通乘车、银行医院、租房、餐饮等信息介绍，企业内部办公环境指引，如各部门办公区域分布、洗手间、茶水间位置指引等。
- 提前安排好其办公室或工作座位，办公用品领用发放、电脑 / 内外网 / 邮箱配置、OA 系统等账号建立和密码设置等。
- 企业概况介绍，五险一金缴费扣款、发薪日等的介绍，有关考勤制度、办公室 5S、宿舍管理制度、员工手册等规章制度和企业文化的简单培训。
- 引见部门负责人及导师，将新员工移交给用人部门管理。

（2）新员工入职引导，导师的工作内容。

- 带领新员工认识部门同事和相关领导，熟悉部门工作环境和氛围，介绍部门工作目标和方向，团队成员组成和工作分工等。
- 岗位试用期工作目标确定、任务安排，岗位工作职责和流程培训，试用期转正考核标准和方式的确定等。
- 入职第一天陪新员工共进午餐，熟悉饭堂就餐流程或企业周边餐厅状况等。
- 新员工试用期工作指导、传帮带等，帮助其解决碰到的困难和问题等。
- 做新员工生活好帮手，担任企业文化价值观的第一宣导者和新员工日常行为规范的教导员。
- 新员工心态关注和试用期工作考核监督等。

入职引导需要 HR 部门和业务部门的通力协作，需要 HR 和导师的共同努力，像对自己的亲人一样给予新人无微不至的关怀和指导，新人快速融入和上手自然就水到渠成了。

3. 深度磨合：让员工全面融入企业

这个阶段包括员工与工作岗位、环境的磨合，领导与同事的磨合，更重要的是要关注自身融入岗位业务的程度，提升其岗位胜任力，使其熟悉工作流程，表达绩效期望。

一般新进入企业的人才主要分为三类：基层新员工、高级管理人才、高级专业人才，不同类型的新聘员工其融入企业的管理方式是不一样的。

（1）基层新员工的融入。

新员工进入企业都会有"七天之痒"，也就是说，刚刚踏入企业的第一周，是新员工是否愿意继续留在企业发展的关键阶段。想要加速基层新员工融入企业的速度，就要有人来充当思想导师。导师不是新员工的直属领导，通常由在企业工作 2 年以上、同时高度认同企业核心价值观的老员工担任。思想导师不是帮助他们解决工作上的问题，而是致力于协助新员工解决思想和生活上的问题。比如，与员工一起吃饭，谈谈心，缓解他们在新环境中产生的紧张感与压力。

（2）"空降"高级管理人才的融入。

许多企业往往会选择从外部招聘高级管理人才空降至企业，这样一方面可以打破原来老的管理干部队伍的僵化与帮派之争；另一方面可给企业带来新的知识和管理视角，因此这种方式深受领导们喜欢。但这种方式往往会出现"空降"管理人才水土不服的现象，表现为空降管理人才无法与周围的环境或其他管理干部进行有效的磨合，最终选择悄然离开。

这里提供一种有效提高"空降"高级管理人才留存率的方法：专人融入计划。即在"空降兵"进入企业后，必须有专门的高管（包括 CEO 本人）负责该高级人才的快速融入，也就是由这位指定的高管来进行思想辅导、工作辅导、冲突处理等。如果因为辅导不到位而导致合格的"空降兵"离职，这名高管也要承担连带责任。

（3）"空降"高级专业技术人才的融入。

由于高级专业技术人才本身是带着高级技术来的，而企业往往又急需要这样的技术，因而不会像"空降"管理人才那样容易遭到其他人的排斥，相反会比较受大家的欢迎。但这类人才的融入关键问题在于三点：一是与原有技术人员或直接主管的观念冲突；二是他们大多本身有自身个性；三是他们需要独立成长、技术创新的机会。

因此，我们要做好以下工作以加速高级技术人才的融入：一是关注高级技术人才与其直接领导的相处状况，当他们发生冲突时，要适当协调；二是尊重他们的个性，给予相对宽松的工作环境，使其独立成长，并鼓励其在原则范围内的创新突破。

4.价值创造：价值创造是人才真正融入企业的体现

只有让人才融入，才能最大限度地让人才发挥作用、创造价值。反过来说，只有当人才创造价值时，才算其真正融入企业。价值创造表现为员工不断提升自身工作能力，关注业务发展，用心服务客户，为企业直接或间接创造利润。人才越早融入企业就能越早为企业创造出价值，因此，加速人才融合也是人才战略的重要工作之一。

我们如果用更高一步的要求来说，就是要求人才创造的价值大于企业给其的报酬，属于企业的"正资产"，这样的员工才算真正的人才。

2.3 人才的生命周期与成长规律

2.3.1 人才的全生命周期管理

正如一个产品有其产生、形成、发展和衰退的周期一样，企业中的人才也有其生命周期。一般而言，企业的人才生命周期包括：引入期、发展期、成熟期、衰退期四个阶段。不同阶段的人才其表现的特征和管理者对其管理的方式是不同的，如表 2-1 所示。

表 2-1　人才的全生命周期管理

阶段	表现特征	管理方式
引入期	冲劲大，有热情，可塑性强，对企业的期望高，部分人员也有"空想"表现，存在人员流动率高的问题	加强入职引导培训，鼓励其热情，规范其行为；配备导师，传承技能，宣传组织文化
发展期	技能和能力水平上升，能独立承担工作，希望给予其更多锻炼和晋升的空间	给其提供学习锻炼的机会，让其做一些有挑战性的工作，将其逐步放到关键岗位，给予其表现的机会
成熟期	能力水平发展到一个较高的水平，甚至有部分人才走向了管理岗位。对企业各方面比较熟悉，部分人才产生"骄傲自满"情绪或看到"天花板"，工作热情开始下降，甚至有部分人才有离职的倾向	赋予其更大的责任和更有挑战性的工作，给予有效的激励，适当提高其待遇；关注其心理变化，多给予人文关怀
衰退期	长期从事某一项工作显得很疲惫或临近退休，表现不思进取，学习力下降，得过且过	重新唤醒其工作斗志，给予其危机感；同时，把部分关键人才列为重点培养对象，给予进一步的发展空间和机会

在人才的四个生命周期中，其中发展期与成熟期是其绩效产出的最佳时机，应重点关注这两个阶段。总的来说，在人才的全生命周期管理中，企业努力的方向是：缩短引入期，合理引导发展期，尽量延长成熟期，努力控制衰退期并转入持续发展期。

2.3.2 人才的成长规律

人才的成长规律是指人才个体的成长规律，包括人才成长的内在因素和外在条件。人才成长的内在因素包括德、识、才、学、体五大要素。在影响人才成长的五大因素中，德居首位，识、才、学是基本条件，体是基础。影响人才成长的外在条件包括：社会时代背景、周围大环境、地缘、人缘及成长过程中的物质条件。

每个人成长的环境与影响因素不同，造成每个人的成长轨迹是不一样的。作为企业，我们要努力探索不同工作群体在职场中的成长规律，以加速人才的成长，使其与企业的业务发展相融合，与企业同命运共发展。

根据企业职位族群划分，一般可以将企业的人才分为行政辅助类人才、技能类人才（生产和研发）、营销类人才和管理类人才。我尝试探索技术型人才、管理类人才及复合型人才的成长规律，以给大家在人才管理工作中提供参考。

1. 劳动密集型技术人才的成长规律与培养策略

劳动密集型技术人才的成长有三个显著的特点：一是"体力劳动"的特征比较突出，随着年龄的增长，其体力可能会逐渐衰退，这类人才的培养、成长必须依靠"身强体壮"为依托，要早规划、早成才；二是技术型人才是与其岗位相联系的，如果离开了岗位，其技能就失去了价值，因此技术型人才的培养应与岗位紧密相连；三是这类人才所要掌握的技能本身是动态变化与不断迭代的，自我学习力是这类技能型人才所必备的能力。

此类人才的培养需要做好三大工作：尽早成才，岗位造才和良师育才，如图 2-3 所示。首先是尽早成才，要做到早规划、早实施、早成才，尽量抓住这类人才劳动的黄金期。其次是岗位造才，这类人才偏向于技术，掌握"干"的技巧尤为重要，而这往往需要大量的岗位实践，因此，这类人才的成长唯有立足本职岗位，勤学苦练，通过千百次重复的劳动才能不断熟练技能，提升工作本领。再次是良师育才，这类青年技术人才热情高、干劲足，但往往存在经验欠缺，技能不稳定，心理承受能力差等问题，如果这时能加上师傅的良好指引与心理辅导，定能加速青年人才的成长，并能促进企业优秀技能与文化的传承。

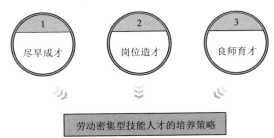

图2-3　劳动密集型技能人才的培养策略

2. 高技能人才的成长规律与培养策略

高技能人才往往在企业中是稀缺的，其培养周期相对来说比较长，付出的培养成本可能会更高。高技能人才的成长规律有以下特点。

（1）技能的个性化与高精尖是高技能人才成长规律的核心要素。所以培养这类人才不能像一般技术型人才那样批量复制，而应注意技能的差异性、岗位的差异性和人才的差异性来进行培养，甚至有时需要这类人才自身有一定的天赋，毕竟并不是人人都能掌握高精尖的技能。

（2）高技能人才成长与岗位实践并行。离开了岗位实践，技能就变得没有价值，员工必须在实践岗位中反复练习，用心打磨，以工匠精神要求自己，精益求精，追求极致。

（3）技能的动态性和技能提升的渐进性。这就要求高技能人才的学习必须是不断深化、不断迭代的过程。从"生手"向"熟手"转变，再从"熟手"向"匠人"转变。

3. 管理类人才的成长规律与培养策略

管理类人才的成长规律与培养策略有别于技术人员，主要表现在三个方面。一是管理人员往往知识面广、视角广阔，通常不是专才而更多是通才。比如马云，他在技术或财务方面肯定不如他的技术总监、财务总监，因为马云是通才。二是企业管理可能没有标准的答案，它讲究的是因时因地而变，以解决企业问题和提升效益为目标，不像技术人员那样有标准的流程和操作手法。三是往往许多从技术岗位转向管理岗位的人才需要完成角色转变与能力转变，技术型人才更多的是面对机器设备，而转向管理岗位后更多的是面对人，如果用对待机器的管理方式来管理企业中的人那肯定是有问题的。

对于管理类人才的培养策略，总结为以下四点，如图 2-4 所示。

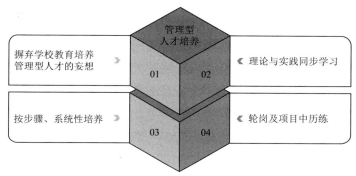

图2-4　管理型人才的培养策略

第一点是摒弃光靠学校教育培养管理型人才的妄想，主要原因有二：一是学校教育偏理论，而管理是一门关于实践的学科；二是如今的时代飞速发展，企业面临的问题复杂多变，仅靠学校的教育不能完全解决企业当下产生的问题，学校教育对于企业解决未来的问题没有多大帮助。

第二点是要注重理论与实践同步学习，管理学大师彼得·德鲁克说：管理不在于知，而在于行，管理是一门关于实践的学科。理论来源于实践又指导于实践，因此坚持理论与实践相结合的学习方式，才是管理型人才的学习之道。

第三点是按步骤、系统地培养。通过一系列管理类主题的课程对管理人才进行系统的培养，比如《管理者角色定位》《从技术走向管理》《问题分解与解决》《有效的管理沟通》《目标管理与计划管理》《跨部门沟通与协作》《管理创新思维与方法训练》等。当然除了课程培训，还可通过导师带徒，外派 MBA 学习等方式进行培养。

第四点是通过轮岗、AB 岗及项目历练来丰富这类人才的工作经验，并让其代理主管的管理工作，以提升其管理能力。

4. 复合型人才的成长规律与培养策略

复合型人才是未来组织发展所需人才的必然趋势。所谓复合型人才，即一专多能、典型的多面手。复合型人才可以实现企业以最少的人力成本获得较大的绩效产出收益，并且复合型人才可顶替多种岗位，有效预防因为某一岗位空缺而带来的风险与损失；复合型人才的成长一定是经历了多种岗位或技能历练，也就是说他可能拥有多种行业背景；同时，复合型人才需要其本身有较强的学习欲望和学习能力。

在复合型人才的培养策略方面，我们要做好以下工作，如图2-5所示。

一是深度挖潜。复合型人才并不代表着什么都能做，什么都精通，他必须在某一方面出类拔萃并在其他方面也有着较高技能的人。也就是说，复合型人才首先要在某方面有非常深的造诣，因此，不断积累本职业相关的知识与技能是复合型人才必不可少的学习途径。在此基础上深度挖掘其兴趣与爱好，发展其他方面的技能。

图2-5　复合型人才培养策略

二是横向流动。横向流动是培养复合型人才必不可少的途径，通过内部有意识的轮岗、行业交流，不断拓展员工的工作经验。

三是鼓励关注行业发展，拓展自己的视野。对一些大型集团来说，要培养复合型人才的国际视野和全球化意识。

四是通过技能比武、创新能手等评比活动，提升专业类人才的价值，给予相应的荣誉及激励，以激发复合型人才对高精尖技术的研究与创新突破。

总之，复合型人才的培养是一个系统的过程，人才的选拔、环境的塑造、刻意的轮岗训练、丰富的行业交流、有效的激励是打造复合型人才的重要手段。

2.4　做好人才成长与业务发展共舞

作为一个组织来说，创造效益和利润是永恒的主题，而业务是创造组织效益和利润的重要来源，因此，任何营利性组织均将业务发展放在首位，而人才是支撑业务持续发展的重要保障。要想持续创造更高的组织效益，除了制定企业战略与执行到位，更需要人才的持续成长。因此，做好人才的成长与业务发展共舞是企业人才战略的重点工作。

要做好人才成长与业务发展共舞工作，根据多年的管理实践经验，笔者总结出一个加速人才与业务融合的"四位一体"模型，如图2-6所示。具体来说，我们要紧紧围绕业务目标，做好人才选聘与培育、加速人才与业务融合、建立体系和聚焦人效四项工作。

图2-6　加速人才成长与业务共舞"四位一体"模型

1. 做好人才选聘与培育

企业在招聘员工时，一定要紧紧围绕企业的战略目标与业务发展方向，有意识地进行人才的甄选工作，把好人才的选聘关。具体表现在：招聘的员工不仅要符合企业的价值观，能力与岗位相匹配，更要懂业务、能给企业创造效益。在招聘员工时，我们不能光看候选人光鲜的简历，而应着重看其业务水平与职业精神。

同时，在人才培育维度，要紧紧围绕企业现有的核心业务及未来业务的发展方向，有意识地进行人才培养与人才储备，保障人才供应的质量。

2. 加速人才与业务融合

人才真正融入企业业务发展有三个基本的条件：一是懂业务，并围绕业务发展的核心链条来开展工作；二是有使命必达的职业精神；三是树立为客户（包括内部客户和外部客户）服务的意识。也许有人会误认为：销售部门才是做业务的，生产部门、党群部门、行政后勤部门不用做业务。其实，我所说的"业务"，是一个泛业务的概念，在企业中能直接创造效益或与企业业务相关的核心链条上的部门或岗位均可称之为"业务部门或岗位"，因此说，我们只要紧紧围绕企业的业务核心链条来开展工作（哪怕你是行政后勤、检修、党群等部门岗位）都可以融入业务。

融入业务工作，就是要以成果说话，要把工作做到位，有一种使命必达的决心。

"铁人"王进喜在老辈人心中有很高的知名度，他们年轻的时候都学习过"铁人"精神。"铁人"的称号，源自20世纪60年代。那时，我国准备在松辽平原开采油田，将钻机运到当地。当时的条件非常艰苦，没有吊车、拖拉机，怎么将钻机卸下车呢？王进喜的办法是带领工人"人拉肩扛"。他们用同样的办法，只用了

4天时间便将40米高的井架立了起来，这在那个年代是不可想象的事情。

钻机开始工作了，又遇到一个困难：打井需要用水，但是当时没有水管等输水设备。王进喜就带领团队用脸盆和水桶接了近50吨水，保证了按时开钻。在钻第二口井的时候，由于地层压力太大发生了井喷，王进喜毅然跳进了泥浆池，用身体搅拌泥浆，最终化解了井喷危机。

正是在这种"铁人"精神的指引下，松辽石油开采取得了显著成果，仅用4个月便钻探出了著名的大庆油田。

3. 建立体系

要保障持续的人才供应，除了不断地招聘与培育外，更应建立人才管理体系。体系就像一个精确运行的机器，一旦建立起来，就会自然运转下去，不会因为个别因素而停止。

我们经常说：管理体系就像是一个黑箱，判断好坏的重要标准是输入产物和输出产物。如果输入的是一流的人才，出来的却是三流结果，这个管理体系就有问题；如果输入的是三流人才，出来的是一流的结果，这就是运转良好的管理体系。在人才培养与管理体系的标准化建设方面，麦当劳的案例值得借鉴。

麦当劳的招聘要求很一般：员工需要具备初中以上文化，店长需具备高中以上文化即可。从输入的角度来看，麦当劳输入的都是普通人才。然而在几年之后，这些普通人才都会被培养成标准的管理者，成为人才市场的抢手货。

如果足够细心，我们会发现，标准化已经渗透到麦当劳的方方面面。不仅是人才培养体系，麦当劳在其他方面的标准化程度同样极高：拖地的标准是反向画八字，切面包的标准是横截面气孔直径不超过一毫米，牛肉饼的标准重量是28.96克，排气扇的标准是每隔半个月换一次……

不同的企业其人才管理方式是不一样的，但有一个总的原则，那就是：有利于人才的快速成长，有利于人才与业务的快速融合。正如麦当劳通过标准化的管理方式，既加速了人才的培养，又让业务摆脱了对能人的依靠，让业务操作简单可复制。

4. 聚焦人效

所谓人效即人的效率，是用来衡量企业人力资源价值，形成一种衡量现有人力资源获得能力的指标。

人效是人力资源经营的最大支点，也是最能体现人才在业务中的价值的最有力指标。用一个简单的公式来概括：人效 = 销售额（产量）/ 创造该销售额（产量）的员工数。人效越高，说明员工创造的价值越大。如今许多的企业，像华为、阿里巴巴都在聚焦人效。淘宝初期，马云定下人效（人均交易额）要达到 10 万美元；后来的淘宝时代，他将这个人效目标提到了 1 亿元；到了支付宝时代，马云要求人效达到 5 亿元。这样高标准的人效要求，使当时的企业都不敢轻易招聘员工，因为每增加一个员工就要增加上亿元的交易额。

虽然并不是所有企业都能像阿里巴巴那样格外强调人效的概念，但人力资源经营的原理是相通的，引入"人效"的概念，可以帮助企业更加关注成本、提质增效，以创造更好的组织效益。

2.5　企业文化与工作环境的建设

良好的组织文化与环境塑造是组织吸引与保留人才的重要方式，也是加速人才融入企业的重要手段。优秀的组织文化与良好的组织氛围不仅能吸引与保留人才，更是一种良好的导向，引领员工的工作方向，规范员工的行为，打造有凝聚力的团队。

2.5.1　塑造良好的企业文化

企业文化指的是一家企业中员工共同持有的价值观、行为规范及由此而形成的组织氛围。一般而言，企业文化包括三个层面：愿景与核心价值观、员工行为规范和组织氛围。

1. 愿景与核心价值观

愿景是大家共同向往的目标，通过愿景使大家明白努力的方向与意义。1999 年 1 月，马云在杭州湖畔找了一群人一起创立了阿里巴巴，当时他立下的愿景是：我们要办一家 B2B 的电子商务企业。目标有三个：第一，建立起一家生存 80 年的企业；第二，要建设成一家为中国中小企业服务的企业；第三，建成世界上最大的电子商务企业。他期望帮助中小企业在网络上发布讯息，促进海外交易，让天下没有难做的生意。而随着时间的推进，要做 100 年的企业比比皆是，于是马云想到了做一家 102 年的企业，因为阿里巴巴 20 世纪活了 1 年，21 世纪活了 100 年，22 世纪再活 1 年，横跨 3 个世纪，这个愿景就很宏伟了，这就是阿里巴巴愿景和使命的由来。这个愿景将激励着阿里巴巴一批又一批人才为之奋斗。

核心价值观是企业文化中最重要的足以区别于其他企业的要素，体现了企业所拥有的终极信念，表现了企业的价值取向和价值追求。企业的核心价值观是什么，决定企业的目标追求，以及员工的行为导向，也决定了企业在遇到利益冲突时的取舍。比如，当遇到企业利润和消费者权益取舍的灰色地带时，持有客户导向价值观的企业将倾向于维持企业伦理，保护消费者的权益；而持有股东利润导向的企业将很可能采取无视消费者权益来获得利益的行为。

2. 员工行为规范

价值观是企业的灵魂，然而使价值观落到实处的则是每一个员工，他们拥有作为个人和企业员工的双重身份，并且作为个人加入企业，他们首先拥有自己的价值观，如何将企业的价值观融入每一个员工的价值体系并指导他们的行为，进而贯彻和落实企业文化？制定各种行为规范，并通过员工培训、各级管理者的言传身教就成了重要的方式。

行为规范源自核心价值观。以阿里巴巴的价值观标准之一"激情"为例，企业设立了相关规定，成立了"倒立角"，并规定新员工培训期间必须学会倒立，否则其主管要代为倒立。这一行为规范已经形成惯例，使组织内员工通过倒立的方式，体验阿里巴巴拥有激情、鼓励创新及挑战极限的价值观。另外，阿里巴巴还塑造了武侠文化，所有员工都要从金庸或梁羽生的武侠小说中找出一个正面人物作为自己的花名。这一要求有利于形成良好的内部氛围，同时，正面人物的名字无形中会对员工的行为产生一定程度的约束作用。

3. 组织氛围

组织氛围可以说是价值观和相应的行为规范的结果，反过来又可以促进价值观和行为规范的贯彻。虽说组织氛围是无形的，但员工能明显地感觉出来。良好的组织氛围是挽留人才与让人才发挥价值的有力法宝。

往往僵化、枯燥的组织氛围会影响员工的心情，从而影响员工的绩效产出；而融洽、鼓励创新的组织氛围会大大提升员工的积极性与创造力，从而促进员工绩效的提升。2019 年，一位朋友的企业推行"非物质激励制度"，其中有一项人性化的福利奖励：允许绩效优秀的员工在办公室种植小植物（企业奖励部分小植物），结果这样一来，发现一个微妙的变化，组织气氛变得好像比以前活跃了，看到大家在工作之余，摆弄小盆栽，相互间交流小植物种植的经验，组织内部的人际关系也非常和谐。与此同时，大家工作的积极性也提高了不少，团队之间的沟通比以前更融洽。更让大家感到惊喜的是，那段时间大家的创意也特别多。

一个组织的氛围能够影响员工工作的情绪，情绪影响人，而人影响绩效，因此打造良好的组织氛围，是提升员工工作积极性与绩效的有力手段。

2.5.2 创造融入业务与组织文化的工作环境

要加速人才的融入与绩效产出，除了企业文化的引导之外，还应为其塑造良好的工作环境，如图 2-7 所示。包括建立上下同欲的高效团队、以业务为导向的工作流程、知识共享的信息平台和科学公平的竞争机制。

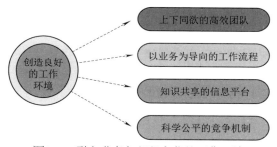

图2-7 融入业务与组织文化的工作环境

1. 上下同欲的高效团队

团队合作是企业成功的保证，忽视团队合作是无法取得成功的。通过团队合作，不仅可使团队内个人的长处得以发挥，还可以使人的短处所带来的影响减少到最低程度。而建立高效的团队必须做好三个方面的工作。

（1）清晰的团队目标和愿景。

团队的作用是发挥群体优势，然而如果缺乏共同的目标和方向，则只会适得其反。没有目标，团队就会像一盘散沙；没有目标大家就没有责任感，就没有团队凝聚力。因此说，团队首先要有明确的目标，其次是把目标分解到每个成员身上，千斤重担大家挑，人人身上有指标。团队目标来自企业的发展方向和团队成员的共同追求，根据团队的发展阶段与自身情况，与大家共同协商后制定。在团队领导者的带领下，一起努力，最终实现这个目标。

大凡成功的团队一定有明确的目标。比如，刘邦的团队是打天下，封侯称帝；刘备的团队是匡扶汉室，一统天下；唐僧的团队是前往西天取经，造福大唐。目标是团队前进的灯塔与航空标，有了目标，团队成员由"要我干"变为"我要干"，团队成员都会为了共同的目标主动去做事。

（2）明确的分工与协作机制。

当然有了清晰的目标还不足以让团队成员自动地达到组织想要的结果，还必须依赖明确的团队分工与高效的协作机制来保障。首先，因为团队中每个成员的技能水平、性格与爱好是不一样，必然要有明确的分工，让合适的人来做适合的事；其次，要建立彼此合作的机制，以促进团队成员之间的高效合作。篮球职业联赛中，把最厉害的球员组合到一起不一定取得最佳成绩，原因是能力强者可能缺乏合作精神，都想当团队英雄。而优秀的球队负责人及教练往往会设置良好的机制来促进团队的得分，强调团队之间的分工合作，以打造最佳的职业球队。

当年，米格－25是苏联研制生产的喷气式战斗机，它所使用的许多零部件与美国战机相比要落后得多，然而其整体作战性能却达到甚至超过美国的战斗机。米格公司在设计时从整体性能考虑，对各零部件进行了组合，使米格－25战斗机在升降、速度、应急反应等方面成为当时一流的战斗机。这种因组合协调而产生的意想不到的效果，被称为"米格－25效应"。

在团队协作中，"米格－25效应"代表的是对团队的人力资源进行整合优化，从而产生"1+1 ＞ 2"的效果。

（3）利益捆绑，责任共担。

要想建立上下同欲的高效团队还必须使团队成员的利益形成捆绑，从而形成责任共担，这样才能打破团队中的"搭便车"与"责任稀释"现象。所谓"搭便车"是指团队中个别成员不付出而侵占他人劳动成果的现象，对于团队而言，这种搭便车行为严重影响团队的整体效益，个别人坐享其成，其他团队成员累死累活，使得团队其他成员情绪波动很大。

所谓"责任稀释"现象是一种普遍存在的社会心理现象，即在某种紧急事情发生时，如果有其他人在场，帮助他人的责任便被无形地"扩散"到其他人身上，每个人帮助他人的责任就相应地减少了。同理，在企业中，如果团队工作责任不清，大家就会推诿扯皮，导致执行力下降。

因此，好的团队合作要做到"四同"：目标上共同向往，利益上相互依存，行为上相互支持，心理上相互吸引。人人为团队，心往一处想，劲儿才能往一处使，这样才能打造真正的高效团队。

2. 以业务为导向的工作流程

要加速人才融入业务就要让其融入业务的流程当中，让他成为企业业务的一员。企业要建立与完善以业务为导向的工作流程，去除那些僵化的、低效的工作流程。比如，海尔、华为、京东等知名企业纷纷采取流程优化、流程再造方式，建立以业务为导向的工作流程，注重工作效率，把所有人从海量的、低价值的、简单重复的劳动中解放出来，紧紧围绕客户服务与企业效益提升为目标。通过建立与完善以业务为导向的工作流程，让人才快速融入业务，并发挥最大的价值。

如今许多传统的大企业开始向平台型组织、阿米巴模式、合伙人模式、海星模式转变，纷纷将大单元划分为小团队，建立以业务为导向的工作流程，避免组织僵化，有效激活人才。

比如阿里巴巴的"大中台，小前台"运营模式，在阿里巴巴，"前台"就是指贴近最终用户/商家的一线业务部门；"中台"是为"前台"的业务开展提供底层的技术、数据等资源和能力的支持。在阿里巴巴的这种模式下，一线人员可以根据实际情况迅速决策，并引导精准出击。这样，阿里巴巴的竞争力大幅提升。

3. 知识共享的信息平台

所谓知识共享，是指在一定信息系统的软硬件和相关制度的支持下，在员工之间、部门之间进行知识的交流，从而使知识从个人层面扩展到组织层面，使个人、部门和组织各层级的知识储备都有所提高，并运用到业务中的过程。知识共享不仅能使个人和组织的优秀经验得以保留与传承，更能将组织中每个人的优势连接起来，形成组织优势。

英国物理学家迈克尔·波兰尼（Michael Polanyi）将知识分为显性知识和隐性知识。显性知识是指"能明确表达的知识"，即人们可以通过口头传播、教科书、参考资料、期刊、专利文献、视听媒体等方式获取，可以通过语言、文字、数据库等编码方式传播，也容易被人们学习。而隐性知识则难以用上述方式表达，通常蕴含在行动或思想中，也被称之为默会知识。因此，我们要把隐性知识显性化，显性知识电子化，电子知识共享化，这样才能促进组织的信息共享。

通过信息共享系统，让组织中的信息共享、优秀经验共享、文化共享，从而打造高效的沟通系统与文化传承系统。

4.科学公平的竞争机制

科学公平的竞争机制既保障人才竞争环境的公平性，又促进团队内部的优胜劣汰。同时，构建公平机制意味着要打破"团队内部不能有竞争"的观念，假如团队内部没有竞争，那么团队成员尤其是优秀成员的热情就会减退，逐渐开始混日子。只有及时开展竞争，发挥鲶鱼效应，打破看似平等实际不公的利益分配格局，才能激发团队成员的主动性、创造性，保持团队活力和业绩。

华为的人才融入与业务支撑

创立于1987年的华为公司历经30多年的成长，从无名小卒成长为行业"领头羊"。目前，华为公司掌握的专利数量已在行业处于领先位置，已成为中国民营企业的标杆，这主要源于华为招揽了一批来自世界各地的优秀人才和不断学习、不断创新的结果。

华为经过多年的发展，现如今已经占领了技术和人才的制高点。2016年，任正非在内部邮件中提道：我们要找人，而不是招人，找最懂当地业务的人，找最优秀的人，而不是凑合。华为认为，最优秀的人不是靠流程招来的，一定是靠伯乐去找来的。如何找到新领域的"明白人"是加快新业务拓展的关键。

现在华为总共有19万名员工，其中有两万多名国外员工，18个海外研究中心，华为是靠什么来把这么多员工凝聚在一起，又是如何实现人才的有效管理，实现人才的成长与业务发展共舞？

一、人才增值支撑业务发展

1998年定稿的《华为基本法》，其中分量最重的一句话就是："我们强调，人力资本不断增值的目标优先于财务资本增值的目标。"这句话其实挺让人费解，其意义何在？

首先，人才是企业长期增长的动力源。俗话说，"书到用时方恨少"，延伸到企业中，"人到用时方恨少""十年树木，百年树人"，人才管理是一项战略性投入，不可能在短期内见效，必须放到最高优先级别的位置并长期坚持下去。

其次，人才管理更深一层的含义，就是让企业可以摆脱对个人能力的高度依赖。2000年，李一男离开华为创业；2001年，郑宝用得了脑癌去美国治疗，任正非在失去了左膀右臂之后，华为的战舰依然破浪前行。

因此，华为不仅仅是一家经营通信网络解决方案的公司，更是一家经营人才的公司，由人才的不断增值支撑业务的长期健康发展。

二、双向人才通道的牵引

在华为人才发展的金字塔模型中，左边是管理人才发展通道，右边是专业人才发展通道，都有对应的人才"选用育留"流程，牵引各类人才的成长和职业发展。

对干部的培养，华为坚持用选拔加淘汰制来任用干部，在实践中选拔干部，优先在成功团队中选拔干部，带领基层团队、项目组持续打过胜仗，就有可能被提拔为中层主管。华为也培养干部，培养的方法就是加压、赋能，让他到实践岗位上去锻炼，温室里长不出栋梁之材，要让他到更高的岗位上去干，去获得经验。

绩效是选拔干部的必要条件和分水岭，如果一个干部没有带领团队持续打过胜仗，就不会得到提拔。如果年年打不了胜仗，这样的干部没有一点用。能力是干部持续高效的关键要素，华为对管理干部的能力有四点基本要求：决策力、执行力、理解力和与人连接的能力。猛将必发于卒伍，宰相必取于州郡。这是华为选拔干部的原则。优秀人才都出现在最接近客户的一线，包括研发在内，优秀的管理人才也是从基层中选拔出来的。

三、以任职资格为核心的训战体系

华为的人才培养体系是用来支撑战略和业务的，用任职资格来牵引人才的发展，设立公司各级专业委员会，这是任职资格管理体系核心的管理机制。专业人才如果能力达到了，业绩也达到了，高一级专业岗位有空缺，就有机会调配到高一级的专业岗位，得到高一级的薪酬和待遇，当然也得承担更多的责任。

任职资格体系包括 14 个体系，每个体系设立相应的专业资格委员会，每两年华为做一次专业任职资格的认证，前提是这两年的绩效都达到前 80%，包括 A、B+、B，至少要达到 B，得 C 就没有机会了。绩效是华为所有评价的首要条件。

通过任职资格体系，每个员工都可以得到一套职业资格的工具："尺子""镜子""驾照"和体系。用任职资格这把"尺子"对员工的认知能力进行评价与认可，员工也拿这把"尺子"来度量自己；高一级的任职资格就像"驾照"，把业绩做出来，能力展现出来，就能拿到"驾照"，实现专业岗位更高一级的发展，企业和人才得以不断共同进步。

四、做好价值评价与价值分配

在绩效管理上，围绕价值循环把绩效管理好，更多的是落实战略，创造价值，然后是价值的分配。华为之所以用"绩效管理"而不是"绩效考核"，是因绩效管理是一个过程，包括目标设定、绩效辅导、绩效评价和绩效反馈。IBM 的做法是绩效反馈后要做出绩效分配，华为提出，绩效反馈后要加入绩效应用。绩效应用是一个非常重要的环节，这个过程要配合战略的需要，战略需要什么目标，就承担什么目标，主管要为员工提供支持和帮助。

五、导师制

华为是国内最早实行"导师制"的企业。要做华为的导师必须符合两个条件：一是绩效必须要好，二是充分认可华为文化。华为的导师最多只能带两名新员工，目的是确保成效。

在华为，导师除了对新员工进行工作上的指导、岗位知识的传授外，还要给予新员工生活上的全方位的指导和帮助，包括帮助解决外地员工的吃住安排，甚至排解情感方面的问题等。

六、岗位轮换与人才流动

华为员工的个人成长呈"之"字形，即一个员工如果在研发、财务、人力资源等部门做过管理，又在市场一线、代表处做过项目，有着较丰富的工作经历，那么他在遇到问题时，就会从全局、全流程考虑问题。

任正非一直强调干部和人才的流动，不仅在华为形成了例行的轮岗制度，还要求管理团队不拘一格地从有成功实践经验的人中选拔优秀专家及干部；推动优秀的、有视野的、意志坚强的、品格好的干部走向"之"字形成长的道路，培养大量的优秀团队。

第3章

人才规划：精准目标，实现企业与员工共同成长

前 GE（通用电气公司）CEO 杰克·韦尔奇曾说过：让合适的人做适合的事，远比开发一项新战略更重要。人才规划是人才战略的基础。通过人才规划可有效避免人才盲目引进与应急招聘现象。做好人才规划，既有利于保障企业发展的人才数量与质量的需求，更有利于员工的职业成长，促进企业与员工共同进步。

3.1　企业人才发展规划模型

人才规划指根据企业的战略规划，诊断企业现有人力资源状况，结合企业经营发展战略，并考虑未来的人才资源需求和供给状况来分析和估计，对企业的岗位编制、人员合理配置、员工教育培训、人才资源管理政策、招聘和选拔等内容进行的人才资源的职能性规划。通俗来讲，所谓人才规划就是从什么途径、走什么路径、用什么方法、分别在多长时间让企业的人才数量和质量能够匹配上企业的发展。

人才规划包括人才战略规划、人才招聘规划、人才发展规划、员工职业生涯规划、人才池建设等，其中人才发展规划是我们要做的重点与基础工作。

人才发展规划一般由 5 个模块组成：人才招募、人才发展、绩效评价、人才激励和人才退出，这 5 个模块构成一个循环，并与企业目标、企业组织和企业文化相互作用，如图 3-1 所示。

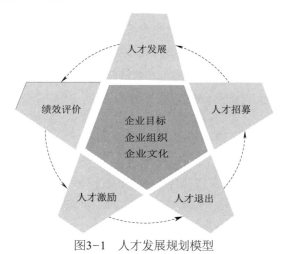

图3-1　人才发展规划模型

3.1.1　人才招募模块

人才招募是保障企业人才数量与质量的重要来源，把好人才入口关是做好人才发展规划的前提，也是做好人才规划工作的基础。人才招募的主要依据是岗位需求，而岗位需求信息是通过企业战略、业务发展、岗位分析等综合因素确定出来的。岗位分析是开展人力资源各类工作的基础与前提；通过岗位分析确定工作岗位的价值。根据工作岗位的价值，一方面明确该岗位的任职能力，另一方面确定薪酬标准、在职培训需求等；岗位分析的另一个重要作用是为设计工作流程、工作方法、工作环境设计组织结构，改进工作方法等。

人才招募可通过多种渠道来实现，但无论人才的来源是内部还是外部，都应择优而用；根据岗位层次不同，采取的方法可以不一样，但择优的原则是不变的。从外部招募员工，可选择的余地大，通过外部人才特别是中高层管理人才的引进，可以有效打破"近亲繁殖"，给企业带来新思想、新方法；而内部提拔员工既是对员工过往成绩的肯定，也是一种回报与鼓励。

3.1.2　人才发展模块

人才的发展包括人才的培养、职业生涯规划及职位晋升等，人才发展是人才增值的重要手段。任正非说，要让人力资本的增值先于财务资本的增值。人才是企业发展的第一要素，对人才的投资理应优先于其他的投资。

企业通过有效的培训规划让人才培养工作有序进行，提升人才培养的针对性与落地性。同时要做好员工的职业生涯规划工作，随着员工的成熟，其职业发展欲望、知识、技能和态度不断变化。员工在企业的发展也是根据本人的能力、企业的要求、竞争者的水平等综合因素考虑的。对一家企业而言，不可能为所有员工提供理想的岗位，但这并不意味着不能为员工创造发展的空间和机会。只要按照优胜劣汰的市场竞争原则，设计公开、公平、公正的提拔任用政策，让每个员工都有机会参与，事情就成功了一大半。海尔提出"赛马不相马"机制，鼓励员工在企业的平台上自由竞争，不断发展。

3.1.3　绩效评价模块

绩效评价是一种有效的管理手段，首先它是管理者与员工之间的有效沟通，其次才是对员工行为和业绩的评价，评估的结果往往直接影响薪酬、奖金和晋升等员工诸多利益。

通过绩效评价可以有效改善员工的工作表现，提升工作能力。但要做好绩效评价工作却不是一件容易的事，做得不好很容易引起员工的反感与抵触情绪。

绩效评价的常用方法有六种：关键事件法、行为锚定法、行为观察法、强制分布法、标准工时法和目标对比法，如图3-2所示。

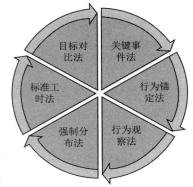

图3-2　绩效评价常用方法

（1）关键事件法。关键事件是指那些对部门效益产生重大积极或消极影响的行为。在关键事件法中，管理者要将员工在考核期间内所有的关键事件真实地记录下来。其优点在于针对性强，结论不易受主观因素的影响。缺点在于对基层考核中关键事件记录的工作量大。另外，要求管理者在记录中不能带有主观意愿，这一方法在实际操作中往往难以做到。

（2）行为锚定法。行为锚定法是通过制定行为等级的评价表，将员工的行为从优秀到较差划分成不同等级，并予以量化，将员工的行为与等级进行对应。行为锚定法适用于对强调行为表现的工作岗位进行绩效评价。

（3）行为观察法。行为观察法是一种比较常用的评价方法。该方法由美国人力资源专家拉萨姆和瓦克斯雷在关键事件法和行为锚定法的基础上发展起来的。

其主要优点有：①相对比较简单，便于操作与随时进行。②关键行为和等级标准内容清晰，一目了然。③允许员工参与，加强了员工的认同和理解。④经过多次测评与量化对比，该方法的信度和效度都比较高。

其主要缺点有：①需要花费较长的时间和一定的成本，因为每一工作都需要一种单独的工具，除非一项工作有许多任职者，否则为该工作开发一个行为观察量表将不具有成本效率。②过分强调对员工行为的评价，忽略了对结果的评价。③在组织日益扁平化的今天，管理者往往管理的人数较多，量化评估给管理者带来较大的工作量，有时不切实际。

一般行为观察法要经过：建立行为标准、形成观察量表、进行评估检查、反馈得出结果四个步骤，如图3-3所示。

图3-3　行为观察法的步骤

（4）强制分布法。强制分布法又称硬性分配法，是将限定范围内的员工按照某一概率分布划分到有限数量的几种类型上的一种方法。例如，假定员工工作表现大致服从正态分布，评价者按预先确定的概率（比如共分 5 个类型，优秀占 5%，良好占 15%，合格占 60%，稍差占 15%，不合格占 5%）把员工划分到不同类型中。

强制分布法可以克服管理者考核要求过于严厉或过于宽松带来的偏差，也可以克服平均主义的分布误差，适用于考核对象多且考核者不止一个的情况，但是这种考核法也有一定的缺陷，如果员工的实际业绩都达到甚至超过企业的要求目标时还实施强制分布，会容易引起员工的不满。

（5）标准工时法。标准工时法是把员工的工作与企业制定的工作标准（劳动定额）相对照，以确定员工业绩。其优点在于参照标准明确，评估结果易于量化。缺点在于标准的制定，特别是针对管理层的工作标准制定难度较大，缺乏可量化衡量的指标。此外，工作标准法只考虑工作结果，对那些影响工作结果的因素不加反映，如领导决策失误、生产线其他环节出错等。目前，此方法一般与其他方法一起使用。

（6）目标对比法。目标对比法是当前比较流行的一种绩效评价方法。其基本程序为：①监督者和员工联合制定评估期间要实现的工作目标。②在评价期间，监督者与员工根据业务或环境变化修改或调整目标。③监督者和员工共同决定目标是否实现，并讨论失败的原因。④监督者和员工共同制定下一评估期的工作目标和绩效目标。

目标对比法的特点在于绩效评价人的作用从法官角色转换为顾问和教练，员工的作用也从消极的旁观者转换为积极的参与者。这使员工增强了满足感和工作的自觉性，能够以一种更积极、主动的态度投入工作，促进工作目标和绩效目标的实现。

3.1.4　人才激励模块

人才激励是激发员工活力与工作动力的重要手段。根据弗雷德里克·赫茨伯格的双因素激励理论，在工作中有两类激励因素。第一类因素是与激励有关的因素，它们是成就、赞誉、工作本身、责任、进步和成长，这些因素积极地激励员工去工作和生产；第二类因素被称为必不可少的"保健因素"，如果缺少这些因素将会造成员工的不满，这些因素是薪酬、福利、管理、企业政策、工作条件、地位、安全和个人生活。

其中，薪酬是最重要的激励因素，在薪酬水平达到一定程度时，决定员工选择的往往是企业的整体环境，即人才对企业的认同感。同时，企业要想与员工建立"长远的契约关系"，除薪酬外，还有必要运用福利措施，福利在某种程度上也体现了企业对人才的重视程度。

人才激励又遵循"100℃沸水理论"，要把激励之水烧到 100℃才能真正发挥最佳的激励效果。俗话说，"人不患寡而患不均"，因此人才激励还必须遵循公平、公开原则，一视同仁，有功必赏，有过必罚。

3.1.5　人才退出模块

传统的人力资源观念主张保留人才，打造静态的人才管理系统；而现代的人力资源观念主张保持企业内部人才的动态平衡，员工能进能出，职位能升能降。因此说，人才退出机制也是企业人才规划工作的一个组成部分。适当的人才退出机制，一方面可保持企业人才的竞争活力，另一方面由于原有人才退出而产生的岗位空缺，才能有机会吸引更多优秀的人才加入企业。

在 GE（通用电气公司）实施活力曲线的评价机制，每年都要评出年度 20% 的优秀员工，70% 的中间员工和 10% 的最差员工，表现最差的员工一般要走人。在华为有一个规定：年龄大、职位低、考核成绩排名最后的话就要被淘汰，华为也多次被爆料裁掉 35 岁以上的交付工程维护人员，而研发则是集中清理 40 岁以上的老员工，这也许是华为的竞争机制和"人才队伍年轻化"的人才理念带来的结果。

3.2　员工职业生涯规划与通道设计

职业生涯规划是对员工的职业生涯乃至人生进行持续的、系统的计划过程。一个完整的职业生涯规划应包括：职业定位、目标设定和通道设计三个要素。

　　当今的时代，培养和保留人才成为企业创造价值的关键渠道和富有意义的差异化来源。做好员工的职业生涯规划工作，对组织来说不仅是组织对员工的承诺与有效规划，更能有效激活人力资源；对员工来说，可以提前做好职业的有效规划，减少走弯路，实现职场价值的最大化。从投资逻辑的角度来看，职业发展可以视同人们投资于职场、取得回报的过程。在此过程中，人的自我规划与管理能力、对世界的认知能力不断提升，人的价值不断增值；同时，职业通道是有规律可循的，它不是一团乱麻，若员工能有效掌握职业生涯的发展周期与规律，提前做好规划，便能快速地在职场取得成功。

　　员工职业生涯一般包括三个阶段：起步阶段、发展阶段和转型阶段，如图 3-4 所示。

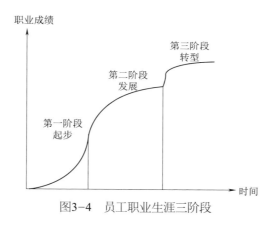

图3-4　员工职业生涯三阶段

　　第一阶段是起步阶段，一般指员工踏入职场的 5 年内，这一阶段的重点任务是学习知识与提高岗位技能，调整自己的心态和眼光，提升自己的适应能力和整合能力，做到有能力与环境共舞。

　　第二阶段是发展阶段，一般指员工进入职场的 5 ~ 15 年，这个阶段应不断丰富知识，强化技能，创造更多的价值，并要学会借力借势，增强自己的综合竞争力，包括借助人际关系的势能，强大的人际关系让员工的职业发展之路走得更稳。

　　第三阶段是转型阶段，处于这个阶段的职场人一般超过了 35 岁，此时他们大多成家立业，家庭带来动力的同时也带来了压力，同时，工作中也可能开始进入迷茫期，工作动力远不如初入职场时。这个阶段的员工必须提升职场的灵敏度，提升自己的适应性；必须重新焕发激情，开创事业的新起点。处于第三阶段的职场人，主要是与惯性较劲，打破常规，敢于创新，并能实现职场与家庭的平衡。

3.2.1 聚焦目标：找准自己的职业目标

职业目标是职业生涯规划设计的前提，它解决去哪里的问题。同时，不同的职业阶段，有着不同的发展目标。《道德经》云：道生一，一生二，二生三，三生万物。员工职业生涯规划的"道"是个人愿景，"一"便是职业目标，有了"职业目标"才能生出"职业通道"和"职业发展"。

凡事预则立，不预则废。制定明确的职业目标是人生目标的重要组成部分。确定了目标，便能增加个人对所从事的工作的确定性，使职业生涯不至于因为外界环境和其他因素的变动而在低层次徘徊；同时，职业目标有利于员工快速找准自己的职业定位，发挥个人优势，引导员工积极的行为，并借助外界资源去实现自己的目标。

准确制定职业目标一般有三种方式，第一种是愿景调取法，第二种是剥洋葱法，第三种是SWOT分析法。愿景调取法是一种宏观的职业目标制定方法；剥洋葱法是按照时间的推进顺序对目标进行量化分析；SWOT分析法是从个人优劣势、组织环境、组织业务需求等维度分析的基础上，反推出自己的职业目标。

1. 愿景调取法

愿景调取法是一种宏观的职业目标制定方法，从人生梦想到人生目标，再推导职业目标的一种方法。

你可以在制定职业目标时，拿出三道题来问自己：

（1）你的梦想是什么？为什么？

（2）你是一个什么样的人？你希望自己成为一个什么样的人？

（3）你喜欢什么样的职业？怎样的职业目标才能实现你的梦想？

2. 剥洋葱法

剥洋葱法就像剥洋葱一样把大目标化成小目标，再将小目标分解为更小的目标，一直分下去，直到知道现在该做什么。这种方式能有效地将"愿景目标"转化为"行动目标"，让自己的职业目标逐渐清晰、落地，如图3-5所示。

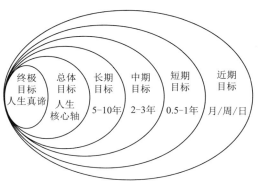

图3-5　生涯规划系统的剥洋葱图

3. SWOT 分析法

SWOT 分析法最早由旧金山管理学教授提出，是一种客观地分析与研究事物情况的方法。SWOT 分别代表：strengths（优势）、weaknesses（劣势）、opportunities（机遇）、threats（威胁）。用于职业目标的制定时，通过 SWOT 工具综合分析员工的能力优劣势、行业发展、组织环境及市场机会等，如图 3-6 所示。这种方式能客观、准确、科学地对员工的职业前景及现状进行综合分析，最终确定科学的职业目标，摆脱了依靠主观臆断来确定职业目标的缺陷。

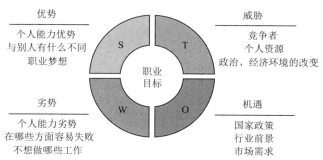

图3-6　SWOT分析工具制定职业目标

3.2.2　精准定位：探索自我职业定位

如果把职业生涯比喻为一个圆，职业定位就是圆规针脚的落点，找不到这个落点，你就无法画出一个完整的圆。职业定位关系员工职业发展的大方向，是人生战略问题，对于一个人的职业生涯发展起着不可估量的作用。很多员工在职场中发展缓慢，甚至经常性进入职场迷茫期，大多源于职业定位的缺失。找准职业定位，就是找到内心认定的职业发展方向的过程，它关系到员工在职场生存与发展的标签。

我们先来看一个小故事：

一个乞丐站在路旁卖橘子，一名商人路过，向乞丐面前的纸盒里投了几枚硬币，就匆匆忙忙地赶路了。过了一会儿，商人回来取橘子，说："对不起，我忘了拿橘子，因为你我毕竟都是商人。"

几年后，这位商人参加一次高级酒会，遇见了一个衣冠楚楚的先生向他敬酒致谢，他就是当初卖橘子的那个乞丐，而他生活的改变，完全得益于商人的那句"你我都是商人"。

你定位自己是乞丐，你就是乞丐，靠乞讨为生；你定位自己是商人，你就是商人，商人靠创造价值生活。可见，职场定位非常重要。每个人的职场定位都是独特的，与别人完全不同，是根据自己的优劣势及所处的环境而得出的。

准确的自我职业定位要从职业取向、职业能力和职业机会三个方面来综合分析，三者的综合才是完美的职业定位，被称为"三位一体"职业定位模型，如图3-7所示。职业取向代表你喜欢从事什么样的职业，主要从你的性格、兴趣及价值观维度来综合分析；职业能力代表你能做什么职业，主要从你的知识、技能、天赋、经验及人际关系等方面来综合分析；职业机会代表环境允许你从事什么职业，主要从宏观、产业、职业及家庭等环境因素来综合分析。用一公式来概括：最完美的职业＝你最喜欢的＋你最擅长的＋最有发展前景的。

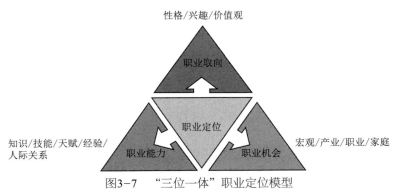

图3-7　"三位一体"职业定位模型

1. 职业取向

兴趣是最好的老师，热情是最佳的动力，这两者是选择职业的基础。每个人的兴趣、性格及价值观是不一样的，这决定他对不同职业的热爱程度。我们可以借助有效问话及相关测评工具来帮助我们快速找到自己的职业兴趣、性格及价值观，从而快速找到自己的职业取向。

（1）有效自我问话工具。

①想想哪些事情会让你兴奋，甚至上瘾？

②你愿意在一段时间内无偿做哪些事情且无怨无悔？

③什么事情只要你一想到它，你就在心里犯嘀咕，感到担心、害怕？

比如，有些人做技术工作时感觉很轻松，也做得非常出色，但一提拔到管理岗位，他就感到不适应，尤其是不喜欢去管人，这就是他的价值取向。因此，这类员工在职场中他更适合做技术而不是管理。

（2）性格、职业兴趣测评工具。

性格测评的常用工具有：DISC[①]性格测评、PDP[②]性格测评、九型人格等。

职业兴趣测评的常用工具有：大五人格测评、霍兰德职业兴趣测评（特别推荐）、MBTI[③]职业性格测试。其中霍兰德职业兴趣测评是全球应用最广泛的职业兴趣测评工具，约翰·霍兰德认为，个人职业兴趣特性与职业之间应有一种内在的对应关系，根据兴趣的不同，人格可分为：现实型（R）、研究型（I）、社会型（S）、企业型（E）、传统型（C）和艺术型（A）这 6 个维度，每个人的性格都是这 6 个维度的不同程度的组合。同时，工作环境也有 6 种类型，其名称及性质与人格类型的分类一致。但在实际中往往可能一个员工有多种职业倾向，所以每个员工可以根据其个性特点确定自己的职业兴趣分类，再结合自己的能力特长寻找适合自己的工作岗位，以提升人岗匹配率。表 3-1 所示为某供电公司员工职业倾向与岗位选择表。

---

① DISC：Dominance Influence Steadiness Compliance，简称 DISC，是指对有关的人格特质进行描绘。
② PDP：Professional Dyna-Metric Programs，简称 PDP，即行为特征动态衡量系统。
③ MBTI：Myers-Briggs Type Indicator，简称 MBTI，是一种性格测试工具。

表 3-1　某供电公司员工职业倾向与岗位选择表

职业倾向分类	特点	适宜岗位举例
现实型（R）	喜欢从事包含体力活动并且需要一定技巧、力量和协调才能承担的职业	线路检修工、变电检修工、高压电力维护工等
研究型（I）	喜欢从事包含较多认识活动（思考、组织、理解等）的职业	财务工作者、调度员、运行技术等
社会型（S）	喜欢从事包含大量人际交往的职业	营业员、用电检查人员、客服人员、人力资源、工会、党群工作者等
企业型（E）	喜欢从事包含大量以影响他人为目的的语言活动的职业	管理人员、供电所所长、班组长等
传统型（C）	喜欢从事包含大量结构性且规律较为固定的职业	会计、总务、物资供应等
艺术型（A）	喜欢从事包含大量自我表现、艺术创造、情感表达及个性化活动的职业	文体宣传、艺术工作等

2. 职业能力

职业能力包括员工所掌握的知识、技能、才干等。知识是基础，技能是立身之本，才干（天赋潜能）是优势。技能又包括专业技能和通用技能，专业技能以安身，通用技能以增色。

盖洛普公司将员工的职业能力分为知识、技能和才干（天赋潜能），又称之为能力三核心，如图 3-8 所示。知识可以通过学习获得，技能通过实践锻炼才能获得，才干是与自己融为一体的天赋、特长、个性、品质等，需要在平日的表现中挖掘和提取。英文把天赋叫"gift"，即上天赋予的礼物，在天赋中，有一部分表现特别好的，与别人相比是优势，我们称之为"竞争优势"，在这些竞争优势中，又可以区分出特别突出的优势，称之为"才干"。

图3-8　员工职业能力的三个核心

对于不同的人才，可分为通才与专才，技术型人才与管理型人才。华为的任正非、阿里巴巴的马云、搜狐的张朝阳，他们在通信领域、电子商务、计算机等方面都没有做到专才，而是通才。同样，小米的雷军也是一个通才、全才，他不仅精通互联网、也精通经济、技术。通才有通才的好处，专才也有专才的妙用，我们应清晰地知道自己属于什么类型的人才，从而找到属于自己的职业发展路径。

3.职业机会

职业机会是指一个人所处的时代和环境能否为其个人提供有力的支持，在不同的环境下，会产生不同的机会，从而造就不同的职业成就。职业机会又包括：宏观环境、行业前景、自身所处的环境及竞争者等，职业机会决定你选择职业的前景、职业选择的范围及竞争的激烈程度。

管理界有一句名言：没有成功的企业，只有时代的企业。一个企业大的成功往往源于一个时代的机遇和技术的变革，比如互联网时代，大批的互联网企业崛起。延伸到"职业机会"中来说，没有成功的职业，只有时代的职业。当下社会最需要的职业往往是最有前途的职业，也应成为我们职业的第一选择。

3.2.3 快速成长：打通职业发展通道，进入升腾计划

职业通道设计是职业生涯规划的核心内容，一般企业会为员工打造至少两条职业发展通道：专业通道和管理通道，如图 3-9 所示。

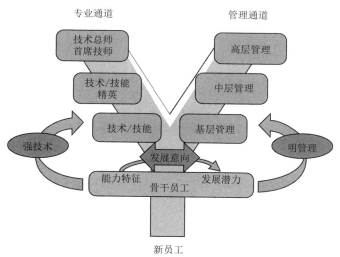

图3-9 员工双通道职业发展模式

　　同时，职业通道发展包括纵向和横向两种方式，横向是通过水平的工作调动实现职业发展，纵向则围绕管理、技术职业通道展开。职业通道的设计不仅要包括各条路径的上升通道，并要明确晋升至某个级别所应具备的基本条件和充分条件，包括工龄、职称及绩效考核结果等。图3-10为国网某省级公司员工职业通道路径图，供大家参考。

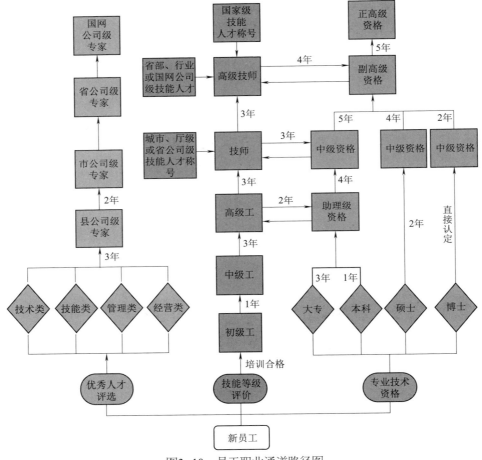

图3-10　员工职业通道路径图

　　当企业有了明确的员工职业通道设计及相关制度后，员工就可以依照相关职业通道选择自己的职业路径，对照职业发展的条件，提升自己的综合素质与技能水平，快速进入升腾计划。

3.2.4 打破瓶颈：如何突破职场发展瓶颈

当员工超过 40 岁后，工作逐渐进入瓶颈期，表现为向上晋升困难，技能水平提升不明显，工作任务与家庭压力大。这时的关键是要学会打破瓶颈，有效完成转型与过渡。

主要有 4 种可供参考的途径。

（1）向上努力寻找晋升的机会。职位的晋升不仅仅代表工资的提升，也是实现人生价值的更进一步，且意味着承担更多的企业责任和社会责任。

（2）向内成为更专业的人士。进一步深挖自己的专业，提升专业技能，达到专家级别，或者掌握一两门核心技术，成为核心竞争优势。

（3）寻找职业的第二曲线。英国管理思想大师查尔斯·汉迪是伦敦商学院的创始人，他在《第二曲线》一书中提出第二曲线模型，如图 3-11 所示。人类的一切都可以用 S 曲线来解释，最开始是投入期，当投入高于产出时，曲线向下，反之则曲线向上。如果一切运转正常，曲线会持续向上，但总有一个时刻，曲线达到巅峰后会不可避免地开始下降。因此，第二曲线必须在第一曲线达到巅峰之前就开始增长，这样才有足够的资源承受第二曲线在投入期的下降，问题的关键在于准确判断第一曲线即将达到巅峰的时间。

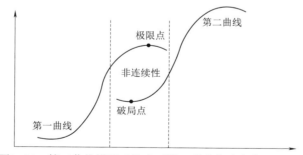

图3-11 第二曲线模型（选自《第二曲线》查尔斯·汉迪）

把第二曲线的观点带入职业通道的 S 曲线中，在职业规划中及时准确找到自己的第二职业发展曲线是一门有趣的学问。

（4）寻找职业的平衡。我们每个人的职场终极追求包括"成功"与"幸福"两个目标，而寻找职业的平衡是提升职场幸福感的有力方式。图 3-12 所示为职业幸福平衡轮，它涵盖了职场人士生命中最重要的 8 个部分：职业发展、自我成长、财富、健康与幸福、友谊与社交网络、自我实现、娱乐休闲及家庭。通过平衡轮工具，我们可以科学地、综合地评估出我们的"职场幸福短板"。

图3-12　员工职业幸福动态平衡轮

第一，以圆心为零分划刻度，每个刻度是 1 分，越往外越高，满分 10 分。逐项打分，得出一个评分图。比如，2020 年，某人在职业发展、财富维度是 7 分；自我实现、健康、家庭、社交网络维度是 8 分，自我成长和娱乐休闲维度较低，仅仅得了 5 分。

第二，设定职业动态平衡改进目标。接下来，就是用彩笔画出你下一计划周期的期望，每个领域你希望提升到几分。建议不要每个方面都提升，毕竟人的精力有限。比如，还是那位员工，2020 年计划把"自我成长"维度从原来的 5 分提升到 8 分。

第三，制订具体的行动计划。通过行动计划让你的改进目标落到实处，实现职业幸福的动态平衡。

3.3　员工任职资格体系建设

提升和发展员工胜任力是人力资源工作的核心，也是做好人才规划工作的基础。不同类型的企业、不同职位对员工胜任力要求不同，这就要求企业人力资源工作者为不同职位族和不同职位建立任职资格体系。任职资格是人力资源体系建设的基础，是指为了保证工作目标的实现，任职者必须具备的知识、技能、素养和个性等方面的要求。任职资格一般由基本任职资格、工作要素、知识、素养、能力及其他参考项构成，如图 3-13 所示。

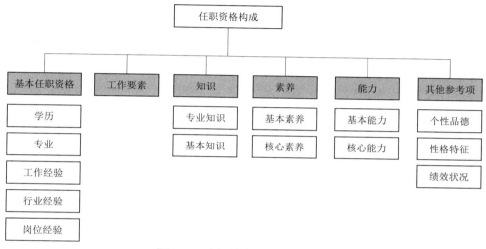

图3-13　任职资格基本构成要素

任职资格体系建设一般包括：职位体系梳理、任职资格通道设计、任职资格标准建立和任职资格认证四大部分内容。职位体系梳理与任职资格通道设计是基础，任职资格标准建立与任职资格认证是重点与难点。

3.3.1　职位体系梳理

设计任职资格体系必须从对企业内部的职位体系进行系统梳理开始，在此之前我们必须要搞清楚几个基本的概念。

（1）职位族：根据工作内容、任职资格或者组织贡献的相似性而划分为同组的职位。一般企业的主营业务包括研发、生产、营销、管理运营、后勤辅助等 5 个业务环节，我们把这些业务环节称为职位族，比如管理职位族、生产职位族、营销职位族、辅助职位族、技术职位族等。

（2）职系：职系是对职位族的细化，在同一职位族中，当有些职位需具体的任职资格要求或承担的职责相似或相同时，这些职位可以归为同一职系。例如，辅助职位族还可细分为行政管理职系、人力资源管理职系、采购管理职系、物流管理职系等。

（3）职级：职位的层级，不同职级要求的胜任能力深度、责任和对组织创造的价值不同，同一职级有相近的通用胜任力要求、专业胜任力和责任要求，因此也就对应相同的薪资标准。

（4）职等：对职级的进一步细分，以区别同一职级内不同员工之间的细分差别。

3.3.2 任职资格通道设计

任职资格通道的设计是在职位族的基础上，对某一类的职位建立通道。对于规模比较大、人数比较多、专业划分要求比较高的企业，某一类职位还可以细分为职位序列。以人力资源管理为例，部分企业由于专业化程度要求比较高，任职人数也比较多，就需要将人力资源管理再细化为：招聘、培训、考核、薪酬、劳动关系等。

在进行任职资格通道等级建立工作中，可将每个序列的工作，结合现在的实际情况，先大致划出一个等级，然后再根据职责，划出相应的等级。一般情况下，一家企业有 20 多个岗位，大致上可设置出 3 ～ 4 级，如果企业有要求，想进一步提高工作的难度，则可参考同行业的更高等级标准。

关于等级名称，不同的企业有不同的称呼，一般技术路线通道设计为 5 ～ 6 级：初做者、有经验者、骨干、专家、资深专家、权威（6 级）；管理路线通道设计为：初做者、有经验者、监督者、管理者、领导者、领袖（6 级），如图 3-14 所示。

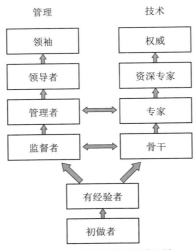

图3-14 任职资格通道设计

任职资格通道设计的原则：

（1）出于战略和业务的考虑，企业重要的、具有战略价值的核心职位族的发展通道，要长于其他职位族，而不是以人的多少作为通道长短的依据。反而观之，有些职位虽然人数很多，但是不属于企业核心价值的员工，企业可以对此类岗位划分较少的通道等级。这体现人力资源价值的投资化倾向，投资给企业产生价值大的岗位和员工。

（2）每个通道要体现从量变到质变的差异。每个通道到底有多少级别，必须体现出级别和级别之间从量变到质变的差异。每一级之间的员工能力如何变？相应的资质如何变？

（3）找好通道设计的标准和参照物。如果确定通道设计中每个等级的标准，我们要有清晰的认知，比如一个新员工，需要花多少时间才能成为资深专家，一般可以考虑以企业中该职位的最高水平者的标准为倒数第二级来开展设计。如企业中某技术岗位中生产主任技术水平最高，如果以他为技术标杆定义为 5 级，则总的技术通道可以设置为 6 级，最高级别可以空缺。

3.3.3　任职资格标准建立

在任职资格通道建立后，就需要考虑每个等级的标准建立了。任职资格标准包括任职者的基本条件、知识、行为标准和技能标准。

以某企业运维管理人员任职资格标准建立为例，该标准共设五个级别：一级标准、二级标准、三级标准、四级标准和五级标准，分别对应：运维管理助理工程师、工程师、高级工程师、专家、资深专家。

1. 级别角色定位

级别角色定位即关于各级别可担当角色的描述，包括掌握本领域内知识技能的宽度和深度、能够解决问题的范围和难度、在本领域的地位、能够承担的职责，如表 3-2 所示。

表 3-2　角色描述

级别	角色描述
一级	初做者，在适当指导下，能独立完成例行性的工作
二级	有经验者，业务实施的参与执行者，例行业务的主要执行者
三级	骨干，业务制度设计参与者，业务实施的核心执行者，指导本模块内的一个基层业务有效运作，对于本模块的基层业务的较复杂问题，能够通过改革现有的程序／方法来解决
四级	专家，业务体系设计参与者，本业务体系某模块业务带头人，制定相应的业务实施制度并指导执行
五级	高级专家，业务体系规划与设计者，引领业务方向，指导整个业务体系的有效运作

2. 基本条件

基本条件包括以下内容：关于教育背景的要求、相关培训经历的要求、从业经验的要求、某方面特殊经验的要求和其他相关要求，如表 3-3 所示。

表 3-3　基本条件

级别	基本条件
一级	全日制本科及以上学历，计算机相关专业，从事运维相关经验 1 年以上
二级	本科及以上学历，从事运维相关工作 3 年以上； 在本企业获得一级资格后满 1 年
三级	大专及以上学历，从事运维相关工作 7 年以上； 在本企业获得二级资格后满 2 年
四级	大专及以上学历，从事运维相关工作 10 年以上； 在本企业获得三级资格后满 4 年
五级	大专及以上学历，从事运维相关工作 15 年以上； 在本企业获得四级资格满 4 年

3. 技能标准

技能标准各等级要求如表 3-4 所示。

表 3-4　技能标准

等级	熟练程度	经验
一级	有限的运作能力，仅仅有一般的、概念性的知识	非常有限
二级	在有协助的情况下的运作能力，实践过的知识	在有协助的情况下，在多种场合运作，在例行情况下独立运作过
三级	无须协助的运作能力，触类旁通的知识	重复的、成功的经验和案例
四级	深入彻底的知识，可以带领其他人有效运作（某些技能需要通过特定的认证）	有效的，资深的，带领他人运作的经验
五级	被视作专家，能领导、教练其他人成功运作，被其他人当作磋商者和领袖。全面的知识和正确的评判能力（某些技能需要通过特定的认证）	全面的、广博的，领导他人运作的经验，咨询经验

3.4　企业人才池的构建

许多企业存在人才不够用的现象，尤其是对于业务处于快速扩张或者转型变化期的企业，人才永远不够用，所以更迫切希望发现人才、快速发展人才。

人才池最大的价值体现在让人才加速发展、降低揠苗助长的风险。一些发展比较缓慢的企业，内部多年没有巨变，人才按照自然成熟的周期慢慢成长，在职位空缺的时候实现替补，并不需要刻意制造机会。但在一些快速扩张的企业，只依靠自然成长，人才显然会供不应求。

人才池的另一个重要目标是打造一个系统，当组织出现重要职位空缺时，内部有一批经过高度训练、具备资格的员工，可以随时出任空缺职位，人才池的构建有助于人才的储备及动态平衡。在供电企业当中，人才池的构建一方面为未来的人才进行了有效的储备，另一方面通过调岗、轮岗等方式实现内部人才的动态平衡发展。

部分企业往往出现 3 种用人困境：

（1）内部结构性缺员现象：企业总体呈现人员超编，但有些部门或岗位尤其是一线技术型岗位却出现严重缺员现象。

（2）人才断层现象。由于历史遗留原因，部分企业出现人才断层现象，表现为年轻的技术型人才或管理人才跟不上，员工整体结构呈现老龄化。

（3）企业的新部门或新技术型岗位无人胜任。随着企业改革的不断深入，新的技术型岗位随之出现，而原来的企业没有相应的人才储备，结果导致部分新的技术型岗位无人胜任。

综上，这些现象的出现均是由于人才规划做得不好，没有建立企业的人才池。

3.4.1　人才池类型与构建要素

我们在着手建设企业人才池时，要重点关注 3 个问题：

（1）类型：构建哪些类型的人才池（管理梯队储备池、高潜人才池、关键岗位储备池、专业技术人员储备池、新技术工种人才培养池）。

（2）数量与周期：每个人才池预计储备多少人员；储备的周期多长。

（3）标准：储备人员未来需要达到的标准是什么。

对于企业来说，人才池的构建关系到未来人才数量与质量维度的保障，是组织特定人才的前置性培养与储备。一般企业的人才池主要有 3 种类型：管理梯队储备池、高潜人才池和关键岗位储备池，3 类人才池的构建时机与培养重点如表 3-5 所示。

表 3-5　3 类人才池的构建时机与培养重点

类型	管理梯队储备池	高潜人才池	关键岗位储备池
构建时机	处于快速扩张期，对管理者提出更高的要求；或者整体管理层能力比较弱，需要快速提升能力时	当企业快速发展或者出现一些小型自治组织、网状组织或者跨越多种职责的岗位时，对人才的要求更综合，业务的快速变化对可迁移能力的要求更高时	关键岗位后备人才强调的是对同一职位的人才批量地、有针对性地培养、激励和保留。因此，关键岗位储备池应长期、持续构建

续上表

类型	管理梯队储备池	高潜人才池	关键岗位储备池
培养重点	聚焦于具体的领导素养和管理技能，着重在常规的管理通道上按部就班地提升领导力。既可以侧重于人才储备和持续供应，关注潜力和成长空间；又可以侧重于当前岗位领导力的培养提升，关注当前绩效与领导力提升	高潜人才聚焦于成长速度快于企业正常发展速度的特殊群体，如管培生计划、高管储备池、总经理后备班等。这类人才的培养投资大，通过大量跨职能的任务或轮岗历练积累不同业务场景下的经验，因此高潜人才池要求参与者投入度高，并做出承诺	关键岗位储备池人才培养通常适用于工作职责比较复合的专项人才，培养过程在于对专业领域知识技能的高度投入。培养则是着重于岗位职责和能力的全方位培养，分解目标岗位的职责和能力，可以采用工作技能培训、行动学习、导师带徒等方式

3.4.2 人才池的运营管理

建设人才池不是终极目标，通过人才池的机制加速人才的成长，达到"蓄养"的作用才对企业有价值。在企业人才池的建设过程中，经常会出现三种现象：第一种现象是人才池"入池"标准不清，把关不严；第二种现象是"重选轻育"，结果是人才池建设工作开展得轰轰烈烈，效果却不尽人意，关键时刻还是无人可用；第三种现象是"能进不能出"，把"入池"定位成终身制的荣誉。这三种现象的产生主要缘于人才池的运营管理不到位，建设制度不完善，体系不健全。

要做好人才池的运营管理工作，主要从两个方面入手。

一是建立并完善人才池的运营管理制度。根据企业的实际情况选定人才池运营管理办法，严格各类人才池的筛选与考核工作。有些企业实行的是宽进严出策略；而有些企业会在入池时进行多轮考核筛选，出池任命的时候再匹配岗位要求考核，即严进严出。操作方式取决于企业对人才池投入资源的多寡，不能盲目贪多，而是量入为出，根据未来人才需求和企业现阶段能够投入培养的资源和精力来决定。

二是打破"入池"定位的终身制荣誉。一般人才池运营有两种常见的入池、出池机制：人才池结项制和人才池循环机制。第一种是"人才池结项制"，即设定一定的培养时期，然后集体结业。比如"后备管理干部培训班"，通过统一的选拔，确定入池人员名单，然后进入集训营，每月或每季度组织集中培训，采取过程淘汰的方式，如果几次培训缺席或几次作业不交，就淘汰，人才池里的人会越来越少，到培养期结业后集体退出。这种方式的优势在于容易批量制订培训计划和考察标准，培养机制可复制，容易把控。第二种是"人才池循环机制"，即人才池常开不关，动态出入，每隔一定周期会选拔入池的人选，符合标准的人入池，达标出池；不合标准（如培训不及格、绩效下滑）就淘汰出池；如果能在淘汰后短期提升绩效，还能回到人才池；如果持续绩效没有改善，就不能回归。这种机制下人才可以动态循环，但需要管理者敢用人、敢舍弃，不停地淘汰和补充。因此，这种机制一方面要加强入池、出池管理，另一方面要防止淘汰出池员工的消极情绪。

第4章

人才培养：从培训设计到培训落地

　　加速人才培养是企业人才战略的重要组成部分，也是保障企业人才供应链的重要手段。但培训是一个系统的工程，从培训需求挖掘—主题确定—项目设计—项目实施—项目评估，是一个闭环的管理过程，如何提升培训的针对性与落地性是难点，本章聚焦从培训设计到培训落地的全过程操作，以理念、工具、案例的方式展开。

4.1 加速人才培养的"三位一体"

加速人才培养是企业人才战略的重要组成部分，也是保障企业人才供应链的重要手段。但人才的培养是一个循序渐进的过程，既要掌握人才培养的周期与规律，又要了解新时代企业人才成长的特性与培育原则。根据企业的实际情况，因地制宜地、灵活高效地开展人才培养工作，才能促进人才成长与企业发展同步。

4.1.1 "三位一体"的人才成长模型

从员工的胜任力素质模型及组织对人才的要求来看，企业人才的成长主要包括三个维度：知识结构的完善、思维模式的转变和能力素质的提升，如图4-1所示。

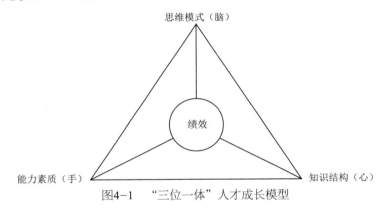

图4-1　"三位一体"人才成长模型

知识结构是指员工为了满足组织的需要，由各类知识按一定结构和比例构建的具有开放、动态、通用和多层次特点的知识架构，包括为满足岗位工作要求所必备的通用知识和专业知识。

思维模式是指员工看待问题、思考问题的方式。具有不同思维模式的人，看待同一件事情，所得出的结论与产生的行为往往是不一样的。作为员工，修炼自己专业的思维模式，端正对工作的态度，及时调整消极、抱怨的负面情绪，将大大提升工作效率。

能力素质是指潜藏在人体身上的一种能动力，包括工作能力、组织能力、决策能力、应变能力和创新能力，是影响员工绩效的一种智能要素。这是一种与员工绩效直接相关联的外显要素。

　　企业应紧紧围绕广大员工的知识空白、经验盲区、能力弱项开展广泛的、针对性的培训管理工作，从员工的"思维模式的转变、知识结构的完善和能力素质的提升"三个方面入手，在理论学习与实践应用维度，帮助广大员工找准工作中存在的症结，探索解决问题的途径与方法，从而提升员工的工作绩效。

4.1.2　"三位一体"的人才培养模式

　　基于"三位一体"的人才成长模型理念，笔者探索出"三位一体"的人才培养模式，将"思想意识""工作技能"和"岗位资质"融入一体，如图 4-2 所示。"三位一体"的第一位为"思想意识"，是指员工的责任意识和职业精神，培养员工尽职尽责、积极向上、不断融入业务的责任意识和职业精神，思想意识应放在人才培养的第一位；第二位为"工作技能"，是指员工具备岗位工作的专业知识和业务能力，通过开展系统的培训工作，提升员工的专业技能；第三位为"岗位资质"，是指员工在具备了责任意识和岗位技能的基础上，激励员工获得更高级别的资质证书，推动员工将专业能力提高一个档次，是对员工能力提升的自我激励和有效牵引。

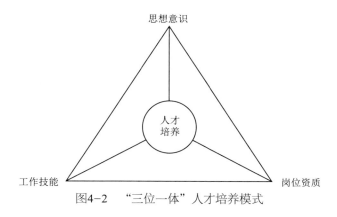

图4-2　"三位一体"人才培养模式

　　（1）培养员工的责任意识和职业精神。通过定期开展有关"责任意识""职业精神""学习意识"的培训与主题研讨，培养员工爱岗敬业、不断学习、勇于探索创新的意识，使员工"主动做、勇担当、爱学习"成为一种习惯，养成"要我做"变为"我要做"的工作自觉性。

（2）立足岗位，全面提升业务能力和专业技能。通过聘请内外部专家担任讲师给员工开展各类主题的技能培训，以及导师传帮带、技能比武、轮岗锻炼等活动，不断提升员工的工作能力，提升岗位的胜任力。

（3）通过任职资格建设、资质职称评定工作，有效激励员工通过自主努力获得更高级别的资质证书，进一步促进企业任职资格体系建设的完善及员工岗位技能更上一层楼。

4.1.3 人才培养的三个"输出标准"

如果把企业人才培养当成一个产品来打磨，那么企业人才的培养必须符合三个基本的"输出标准"，即系统性、及时性及有用性，如图 4-3 所示。

（1）系统性。系统性是指企业在培养人才时，从培训设计、教学组织、教学过程管控、效果评估等维度应具有系统性，既要兼顾企业的战略需求，又要坚持"缺什么补什么"原则，使得人才培养具有系统性、针对性。

（2）及时性。及时性是指企业的人才培养工作能及时满足企业发展所需的人才供应，有效地保障人才输出数量和质量。

（3）有用性。有用性是指企业的人才培养工作应以实用、实效为原则，摒弃假大空的形式主义，以输出高质量的有用人才为人才培养的核心目标。

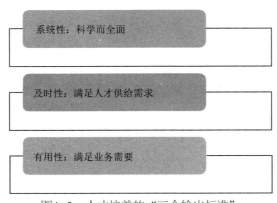

图4-3 人才培养的"三个输出标准"

4.2　跳出培训规划与需求分析的"坑"

4.2.1　培训规划究竟该怎么做

培训规划是组织开展员工培训的基础与方向指引，但在现实工作中，人力资源部或培训管理部门对于制订年度培训规划往往很头痛，遇到的主要问题如下所示。

（1）如何让培训工作成为支撑企业战略与业务发展的一部分？培训规划怎样做才能与企业的发展战略挂钩？

（2）如何确定年度培训需求？究竟是以组织需求为中心还是以学员需求为中心？

（3）年度培训计划如何编写？年度培训计划等于课程计划吗？

（4）培训经费如何确定？怎样才能让有限的培训经费花在刀刃上？

（5）培训年年做，总体感觉效果不尽如人意，今年的培训怎样才能做出新意和效果？

本节着重围绕以上几个问题向大家介绍：如何快速、准确地制订企业年度培训规划。

1. 制订年度培训规划的 4 个前提假设

在制订年度培训规划前，要清晰培训规划制订的 4 个前提假设，这样才有助于搞清楚年度培训规划工作的重点与落脚点。

（1）支撑企业战略和业务发展是培训的根本目的。

培训工作应是业务价值链上的一环，我们要融入业务而不是独立于业务，这一点很重要。如果培训工作脱离了企业战略和业务发展，那只能是隔靴搔痒，虽然形式好看，但很难真正发挥效果。

（2）培训要聚焦重点，解决工作与业务的难题。

企业的战略需要全层参与，但影响面是不一样的，所以培训不是给到每个员工的福利，而是应把有限的培训资源发挥到极致。一是培训要聚焦企业年度重点工作，解决工作与业务中的难题；二是要聚焦重点人群，帮助这些人群能力提升来推动组织战略的落地。

（3）员工培训需求应"分流而治"。

企业的培训需求一般包括两方面：一方面是组织内战略、战术及外部市场相关的需求，如"企业战略目标分解与经营决策制定"等课题；另一方面属于员工个人的学习成长需求，如"学习英语""手机摄影技巧"等课题，其中后者属于员工个性化的需求。组织的培训应更多满足组织需求，如果把组织主要培训资源去满足个性化的需求，实际上就造成了一种偏离组织战略需求的"成本浪费行为"。正确的做法是：培训需求的确定应 80% 关注组织需求，以此来解决培训体系定位与培训计划设计问题；20% 关注员工的需求，解决培训方式的问题，思考用哪种培训方式更能让学员接受、更好让学员的学习效果落地。

（4）培训规划不是课程规划。

很多培训管理者认为年度培训规划就是年度课程规划，于是最终呈现的就是一系列的课程安排。实际上，培训不能做成课程贩子，而应该是提供解决方案。因此，好的培训规划，不仅包括课程规划，还应包括年度培训定位、人才培养路径、课程落地策略、培训资源规划等。

2. 基于实践的三种常用培训规划方法

基于长期的实践总结，笔者总结了三种常见的培训规划方法，如图 4-4 所示。第一种是战略推演法，由企业战略推导人才战略，再由人才战略推导人才培养策略，最后由人才培养策略推导培训体系。这是一种自上而下、系统性的培训规划方法，兼具科学性与系统性。第二种是调研法，基于组织内部的学习需求调研而制订的培训规划，这种方式简单、实用，但在调研的过程中应充分全面地挖掘组织中各层级、各类员工对培训的不同需求。其中，重点关注组织与高层的需求，比如解决企业的利润上升、市场占有率、管理升级、安全管理等问题，因为所有的培训工作，如果不能有效得到高层领导的支持是很难推进下去的。第三种培训规划的方法叫"类比法"，在假定企业业务逐年无变化的情况下，类比去年，简单地进行课程的更新或修订，这种属于培训管理的初级阶段，适合于中小型企业的培训规划制订。

图4-4　基于实践的三种培训规划方法

3. 年度培训规划的内容与难点

（1）年度培训规划的主要内容。

企业年度培训规划应包括：规划依据及原则、年度培训目标、培训计划、培训预算、培训管理及培训考核等。由此可见，年度培训规划是一个系统，而不仅仅是一个简单的培训计划。

（2）年度培训规划制订的难点。

在年度培训规划制订的过程中，难点是解决以下四个问题：一是培训需求如何体现业务痛点，让培训计划与企业战略及业务发展挂钩；二是综合分析历年培训工作的问题与难点，让制订的培训规划更具落地性与针对性；三是如何制订准确的培训预算，让有限的培训预算花在刀刃上。四是如何高效而艺术性地完成年度培训规划的制订工作，最大可能地争取高层领导、各部门管理者及员工的支持。

（3）年度培训规划要避免掉进的"三个坑"。

好的年度培训规划要避免掉进"三个坑"：一是要避免掉进"流于形式的坑"，在现实工作中，部分企业人力资源部或培训管理部门为了完成任务，按惯例敷衍地收集各部门的培训需求，工作完全流于形式，不够深入。二是要避免掉进"培训是员工福利的坑"，错误地认为培训是福利，企业有培训方面的经费就应该花完。三是要避免掉进"培训是做面子工程的坑"，部分企业做培训完全是为了面子，市面上流行什么课程就上什么课程，并且课程越"高大上"、讲师越知名越好，显得有面子，这是典型的乱花钱不治病现象。

4.2.2 如何完美躲避年度培训需求调研的"坑"

培训需求调研是准确、有效制订培训规划的核心工作之一，在做年度培训需求调研的过程中，可能会遇到许多坑，如果这些坑没有有效的填埋方式，结果只会输出无效的培训需求报告及培训计划，造成企业资源的浪费。

1. 培训需求的来源与信息类别

培训需求来源包括内部和外部两大维度，内部维度包括组织需求、发展任务和个体需求；外部维度包括适应国家政策、行业趋势和技术发展的要求，如图4-5所示。

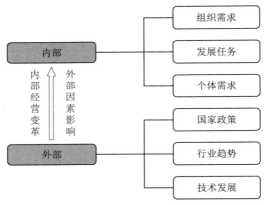

图4-5 培训需求来源

需求调查信息的收集一般包括人员信息、培训需求、学员风格、培训组织、培训反馈等，如图4-6所示。

（1）人员信息：人员信息调查主要要求管理培训部门清楚企业现有员工数量、年度培训覆盖率要求、新员工数量、转岗人数等，以便对年度培训做出有效的规划与培训人数覆盖。

（2）培训需求：包括组织培训需求和员工培训需求分析及具体的培训项目需求信息分析。

（3）学员风格：企业员工的基本状况及员工偏好的学习模式分析。

（4）培训组织：企业培训环境、培训文化、培训的氛围。

（5）培训反馈：了解领导、学员对培训工作的意见和建议。

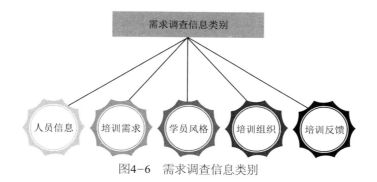

图4-6 需求调查信息类别

2. 年度培训需求调研过程中的问题与痛点

培训部门在做年度培训需求调研过程中往往会存在以下问题。

（1）访谈前未做业务研究。

访谈调研者由于不熟悉企业的业务流程，在访谈时开门见山："你们部门今年的主要工作目标是什么，有哪些培训方面的需求？"往往这样的调研提问显得机械化，可能会让对方很没有耐心，敷衍了事。"问题是连接人与人之间最好的利器"，如果能让访谈调研者分析业务部门真正的问题与痛点，还害怕对方不跟你畅所欲言吗？

因此，要想真正把访谈调研做好，调研者需要事先熟悉企业的年度工作重点，并对各部门的业务做深入研究，以真正把握不同部门的业务痛点，从而快速建立信任与连接，挖掘各部门真正的培训需求。

（2）准备不充分，缺乏模拟访谈实操环节。

在做培训需求调研时，我们往往简单拟好一个访谈大纲之后，就直接去做访谈了。后来发现在访谈过程中遇到各种问题：有时因为有些问题的提问方式欠妥，导致现场的提问得不到自己想要的答案；或者临时做了问题修改，但提出的问题质量不高；有时甚至被访谈对象问得一脸懵，反而自己一时不知如何回答，这样会让对方认为你准备不足，很不专业。

这些都是因为缺乏模拟访谈环节，没有在事先做好充分的准备与预演，以至于在调研访谈过程中状况百出。

（3）没有界定培训的效用范围。

企业在发展过程中，会遇到各类不同的问题，而相当一部分问题通过培训是解决不了的。因此,在做培训需求调研时应明确目标需求是否可能通过培训去解决,如果区分不清培训的范围,可能导致所做的培训计划在具体实操阶段无法达到让相关方满意的结果,因为这根本不是培训能解决的问题,这不仅会造成资源浪费,并且容易砸掉培训口碑。

（4）未得到各部门领导的重视与确认。

没有与部门领导达成年度培训需求调研和交付成果的目标共识,很容易造成培训需求调研流于形式,各部门上报一堆没用的培训计划,培训管理部门误以为是各部门的实际培训需求,最终统一汇总制订企业的年度培训计划。结果造成大量资源的耗费而最终没有产出交付成果,培训效果差,年复一年,把培训的口碑砸了,大家都认为培训是没有用的。

3.年度培训需求调研常用的方法

培训需求调研的常用方法有：申报法、问卷调查法、访谈法、观察法、资料信息分析法、标杆分析法,如图4-7所示。

年度培训需求调研常用的6种方法:
1.申报法
2.问卷调查法
3.访谈法
4.观察法
5.资料信息分析法
6.标杆分析法

图4-7 年度培训需求调研常用的6种方法

（1）申报法。申报法是指各部门自行申报年度培训需求,由人力资源部或培训管理部门统一收集,再进一步筛选确定。这是目前企业用得比较多的年度培训需求调研方法。

（2）问卷调查法。问卷调查法是根据年度培训的目标,事先设计一套员工培训需求调查问卷,下发至各部门进行填写,然后由人力资源部或培训管理部门收集,进行分析后形成《年度员工培训需求分析报告》,这也是目前企业用得比较多的年度培训需求调研收集方法之一,简单高效、全面清晰。但要保证需求调研的精准性,必须要在问卷设计上下功夫,让问卷题目能真正反映员工培训的需求。

（3）访谈法。访谈法是人力资源部或培训管理部人员对各部门领导、员工代表按事先拟订好的访谈提纲面对面地交流和讨论以收集员工培训需求的一种方法。这种方式更精准、更立体化，能有效捕捉企业领导层对于培训方面的准确想法，同时也是与管理层达成培训共识的一种有效方法。

（4）观察法。观察法是指到工作现场直接观察以了解员工的工作技能、行为表现、主要问题等，并进行记录、分析，以寻找员工培训需求的一种方式。可事先拟定一个观察提纲，然后在观察过程中形成观察记录表，具体如表 4-1 所示。

表 4-1　员工工作表现观察记录表

基本信息	被观察者		岗位		所属部门	
	观察者		观察日期		观察时间	
1. 进行的工作项目						
2. 工作行为流程描述						
3. 工作完成情况						
4. 主要问题（规范化行为、作业标准、技能、态度、职业化）						
5. 有待改善的内容						
6. 培训需求初步分析						
7. 培训需求确定主题						

（5）资料信息分析法。资料信息分析法是指从过往的资料、企业文件中分析培训需求。包括企业重点文件、年度人力资源重点工作、过往培训资料、绩效总结、历年的培训方案等。

（6）标杆分析法。标杆分析法主要借鉴同行业的成功企业的培训方案来分析，在此基础上形成企业自己的培训方案。

4. 年度培训需求分析与整理

（1）培训需求分析的三个层次。

培训需求分析一般可分为三个层次：组织分析、工作分析和个人分析，如图 4-8 所示。组织分析帮助培训内容反映企业战略；工作分析主要指岗位工作标准、任职条件的分析，主要反映岗位对人才的要求，尤其是关键核心岗位；个人分析是指发现员工个人状况与应有状况的差距，决定谁应该接受培训、培训什么内容。

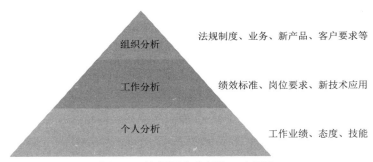

图4-8 培训需求分析的三个层次

（2）培训需求分析的三个视角。

我们可以从三个视角来进行培训需求分析，如表4-2所示。第一个视角是组织发展角度，即培训如何满足企业业务发展的要求；第二个视角是员工岗位胜任力与绩效角度，可用"岗位胜任差距分析"和"业绩差距分析"两种方法来分别进行有效的需求分析；第三个视角是员工的职业发展角度，可以员工职业生涯为导向来进行有效的培训需求分析。

表4-2 培训需求分析的三个视角

分析视角	培训需求分析方法	关键点
组织发展	组织战略推演法	由企业战略推导人才培养战略，再从人才培养战略中挖掘人才培养需求
员工岗位胜任力与绩效角度	基于岗位胜任力的培训需求分析法	对照员工的岗位胜任力模型，分析员工的知识、技能水平现状，寻找差距，从而找到培训需求所在
	基于员工绩效提升的培训需求分析法	分析员工的绩效水平与目标绩效的差距，寻找原因，分析提升绩效的方法，从而找到培训需求所在
员工的职业发展	以员工职业发展为导向的培训需求分析法	承认员工个人利益与组织利益的相关性，让企业培训与员工职业生涯规划相结合。综合分析员工目前的职业状况与理想职业目标的差距，从而找到培训需求所在

（3）培训需求分析应避免的三个"坑"。

培训需求分析应避免三个坑：一是要避免掉进"痛点与需求不对等的坑"，就如同一个人肚子痛去医院看病，却挂了脑神经科去检查，这根本不能解决问题。

二是要避免掉进"需求分析凭感觉主观臆断的坑"，培训需求分析一定要从源头上进行深入地分析，切忌主观臆断、猜想。比如，某一阶段团队的业绩严重下滑，我们主观地认为是大家的积极性与执行力有问题，结果做了一场《员工高效执行力》的培训，但发现根本没用，因为业绩下滑是由多种原因造成的，并且团队执行力通过上一两次课程是很难解决的，它也是由多种因素造成的。三是要避免掉进"培训需求分析不深入、不全面的坑"，兼听则明，偏听则暗，在分析培训需求时，不能只听一小部分人的一面之词，而应多层次、多维度去了解真正的一线需求。

4.3　培训项目运营与培训内容设计

4.3.1　培训项目运营的逻辑

在实际工作中，人力资源部或培训管理部门往往容易把培训组织工作当成一个简单的交付工作或行政类工作去做，进而造成"培训无用"的结果。实际上我们要把培训当作项目来运营，它是一个从项目需求挖掘到项目结束的闭环管理过程，如图4-9所示。同时，我们要从"培训管理"进化到"培训经营"，把学习项目当作一个品牌来经营。在培训需求挖掘与项目立项阶段，要明确为什么要设计一个培训项目，要从业务的源头去思考，要到后台管控或前线亲自了解，去听听"炮火"的声音，不能坐在办公桌前纸上谈兵；在项目设计阶段，要有品牌化的概念，每个经典培训项目都可当作一个品牌来运营；在项目实施与交付阶段，要让培训流程设计、课程组织、培训教学方法生动化、丰富化；在项目评估与复盘阶段，要着重评估课程的效果与落地转化。同时，培训是一场永不下课的旅程，培训的结束意味着学员实践运用的开始。

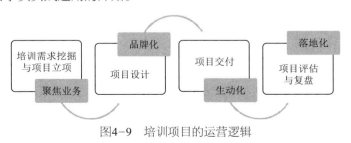

图4-9　培训项目的运营逻辑

4.3.2 培训需求挖掘与项目立项

培训项目立项是培训项目运行的首要环节，标志着培训项目正式启动。培训项目立项一般通过三种方式来完成：第一种是通过培训需求调研来确定培训项目，这是最主要的一种立项方式；第二种是业务雷达扫描，深入掌握企业的业务痛点来确定培训项目，这是一种聚焦业务的立项方式；第三种是根据组织发展，推导组织未来人才的培养需求以确定项目，这是面向未来的人才培养立项方式。

培训项目立项应制订相应的培训需求立项计划、项目立项审批表及预算审批表等。

1. 培训需求立项表

培训需求立项表要明确项目的名称、目的、举办时间及内容等，如表4-3所示。

表4-3　某企业培训需求立项表

着眼点	项目名	项目介绍	举办时间	师资
适岗能力提升	1. 新员工入职培训 2. 新晋管理干部培训 3. 转岗员工培训	通过对新入职、新晋升的员工、管理者及转岗员工群体的培训，使目标人群充分掌握目前岗位应知应会的关键内容	新员工入职培训每季度一次；新晋管理干部8月开展培训；转岗员工一对一导师带徒，签订师带徒协议后随时进行	内部讲师 外聘讲师
专才培养	1. 生产技术中级研修班 2. 党员、纪检干部研修班 3. 销售铁军打造	通过对各专业线员工的培训，充分提升其专业能力	生产技术中级研修班：4月举办 党员、纪检干部研修班：6月、8月，分两批进行 销售铁军打造：5月、7月，分两批进行	内部讲师 企业高管 外聘讲师
后备人才培养	1. 后备干部培养班 2. 高潜人才系列培训班	培养××关键岗位（副主任级以上）及优秀青年人才，以形成人才供应梯队为目的	后备干部培养班：9月 高潜人才系列培训班：4月、10月，分两批	内部讲师 企业高管 外聘讲师
问题解决	1. 战略研讨 2. 中级专业研修班 3. 重点项目行动后复盘	研讨综合性问题，安排问题相关者参加，每个学习班都有问题解决、成果产出	战略研讨：11月 中级研修班：各专业条线每月1次 重点项目行动后复盘：项目结束后	内部讲师 企业高管 外部咨询企业 外企优秀企业代表

2. 培训项目立项审批表

培训项目立项审批表应包括项目的名称、目的、内容及费用预算等，如表 4-4
所示。

表 4-4　培训项目立项审批申请表

项目名称			项目编码	
项目负责人			培训方式	
培训起止时间			培训地点	
培训费用预算	培训费：	差旅费：	食宿费：	合计：
参训人员 （共　　人）				
授课课程	课程名称		讲师	授课时数
培训目的				
培训性质				
审核	送培单位			
	员工培训管理中心			
	财务中心			
	企业主管领导			
说明：此表在项目启动前 1 个月，由送培单位填写，报员工培训管理中心，经领导审批后组织实施，培训预算不得超支，在财务报销时要出具此表				

4.3.3　培训项目内容设计：打造爆款培训产品

在实际的培训管理工作中，不能把培训当作一项行政工作去交付，而是要把
培训项目当作品牌来运营，要用产品经理人的思维来设计培训项目。把培训学员

当作用户，通过输出有价值、有趣味的学习项目，经营用户，经营培训口碑。

1. 超级培训项目名称打造

培训项目品牌化运营，首先要给培训项目取一个比较响亮的名称，好的名称既能明确包含培训项目的主要信息，表达项目的学习价值，又能准确传递项目的目标和期许，让学员产生良好的第一印象，吸引学员的注意力，并能激发学员的参与兴趣。培训项目命名是培训项目品牌建设至关重要的环节。

培训项目名称设计要尽量简单，方便理解和记忆，同时又要有新意与代表性。培训项目取名称有以下几种思路可以参考。

（1）体现培训对象。项目名称体现出培训的对象，比如"金牌班组长特训营""新任管理者训练营""青年人才成长特训营""高阶内训师培养""党员干部红色教育微课堂"。

（2）体现时间周期。项目名称强调学习时间或项目周期，能够促进学习进度的合理安排，比如，"从平凡到非凡——新员工 90 天成长营""从优秀到卓越——管理者 30 天晋级计划"等。

（3）体现象征隐喻。根据动物或植物的特征及象征意义，结合项目对象或目标命名，比如，"雄鹰计划""狼性团队特训营""种子成长计划"。

（4）标语和口号化。用一句标语或口号直接表达项目名称，直达学员内心，引起学员强烈的共鸣。比如，"蝶变计划——从业务能手到管理高手""匠心品质、薪火传承——核心技术与管理人才培养项目""鲁班计划——工匠精神与创新技术人才培养项目""从青铜到王者的修炼——新晋管理者训练营"。

（5）体现关键词。选择与企业文化或项目内容有关的字、词，巧妙地将其嵌入项目名称中。比如，华润电力——"润卓悦"中层管理者培养项目，国家电网——"一网情深，用心服务"窗口人员优质服务训练营。

（6）体现培养方式。项目名称体现项目比较特别的学习方式，比如，"百花大讲堂""一把手讲绩效""大咖说——高管面对面""劳模说创新"。

（7）运用比喻、夸张的手法。利用比喻或夸张的手法来命名，比如"十分钟教你成为 PPT 达人""滚蛋吧，鸭梨君——轻松化解压力技巧""精打细算——如何成为企业优秀的账房先生"。

（8）运用新颖与潮流的用语。一看项目名称或培训课题就让学员有新颖感与时尚感，比如"火眼金睛——一流的生产检修技术训练营""富兰克林的微笑——望闻问切识美元""柜员特烦恼——电力窗口常见服务问题解决技巧""知否知否——人力资源改革政策串讲"。

2.爆款培训项目设计

过去知识匮乏，我们追求构建一个完整的课程体系。在如今互联网时代，知识已经变得非常充裕，人们反而在知识泛滥中逐渐迷失了方向。企业的培训工作经过这么多年的发展，学员已经听了很多课，纯粹的知识传播课程越来越没有价值。同时，体系化的课程也可能无法引起学员的强烈兴趣。如今是一个注意力稀缺的时代，抓住学员课堂上的注意力是培训成功的关键之一。随着 80 后、90 后员工在职场中担任主角，他们是泡在互联网里长大的，我们要用互联网的"单品爆款"思维来做培训，重燃学员的学习热情，再来构建企业的培训体系。

在实际培训管理工作中，似乎培训项目年年做，但好像完成任务一样，缺乏新意与爆款项目，更在培训效果落地上没有下足功夫，所以很难得到领导的满意与学员的支持。

一个好的培训项目除了要进行品牌化包装，还需要做好学习产品本身的价值塑造与体验。好的培训产品设计应从三个维度下功夫：高价值性、高体验性和高引爆性，如图 4-10 所示。

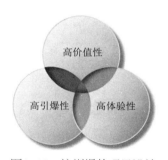

图4-10   培训爆款项目设计

（1）高价值性：学员不痛，培训无用。

设计培训课程，如果不能切中业务的痛点、员工的痛点，很难成为爆款，也很难产生培训效果。要切中员工痛点，培训产品就必须结合员工的实际工作场景和绩效提升，甚至与晋升加薪相联系；必须提升培训课程产品的价值性与针对性。

比如,《管理者综合素养与技能提升》课程,课程覆盖面广,内容丰富,100个老师会有100种讲法,有的侧重讲角色定位,有的侧重讲管理技能,有的侧重讲素养提升,有的侧重讲领导力等。不能与学员工作场景相结合的培训课程设计都是较难落地的。

再比如,《生产安全管理》课程,不能只讲安全的重要性,更要解读最近的国家安全政策、国内甚至是学员身边发生的安全事故,再结合学员的工作场景来提高其安全意识,加强安全措施的整改、安全管理制度的完善以及安全领导力的提升等。

所以,从这个维度来看,培训课程的设计不一定要高大全,而是要小而精。只有小而精,并且与员工的工作场景、问题密切联系的课题,才能更加刺痛学员,引发学员强烈的学习欲望。

（2）高体验性:有用还要有趣。

好的培训课程应该是有料、有趣、有用。培训课程的设计要高度关注学员的学习体验,如果一个培训课程的体验感超越了学员的预期,就会获得学员的高满意度。根据学员的"课前期望"与"课中体验"两个维度,我们可以画出一个二维矩阵,如图4-11所示。

图4-11　培训课程二维矩阵

当学员期望值高,而实际体验值低,学员会大失所望,吐槽"这个课程简直浪费时间";当学员期望值高,实际体验值也高,学员会觉得理所当然"这个课程总体来说还行";当学员的期望值低,实际体验值也低,学员会觉得"这个课程没什么学的";当学员的期望值低,而实际体验值高,学员会尖叫:"哇!原来还有这么好的课程。"

高体验性的课程不仅指课程生动有趣，更是解决了学员多年来的痛点，完全超越学员的期望。

（3）高引爆性：多方发力，把水烧到 100℃。

引爆，是指培训项目能引起学员的强烈共鸣与学习兴趣，并赢得领导的满意。大家都知道一个常识：水即便是烧到 99℃ 也无法沸腾，同样，要做一个爆款培训项目也要遵循 "100℃法则"，把各个细节做到极致，让学员与领导都满意。

按照 "100℃法则"，我们要把一个培训项目设计为爆品，要做好 4 个细节工作，如图 4-12 所示。

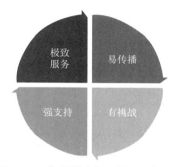

图4-12　高引爆产品设计的4个细节

首先，要把培训项目设计得易于传播、有新意。这样培训项目能够触发学员之间的相互传播和讨论。比如，京东大学有两个产品："我和东哥做校友""我在京东上大学"，都是引爆型培训项目。"我在京东上大学"是一个平台性的产品，京东跟北京航空航天大学等几所大学合作开设电商专业（本科和大专）的学历教育，鼓励学员自费进修。员工两年半后拿到学历，会给他奖励。如果学习期间晋升一级，减免 1/3 学费；晋升两级，减免 1/2 学费；晋升三级，整个课程全免费。用这样的项目，去激励和引爆学员学习。

其次，要把培训项目设计得有挑战性，并与学习强关联。这样让学员有强烈的挑战欲望。比如，某公司推出 "核心骨干点金工程"，按照 "金扳手—金栋梁—金工匠—金士官—金领航" 逐渐升级，分类别、分层次，让每个阶层的核心人才可以对照学习，并向上一级挑战。当达到一定的考核级别，公司会考虑其职位与绩效奖金的提升。

再次，尽量争取企业高层领导支持。能获得企业高层领导的支持，并为培训项目站台、宣传，将大大有利于培训项目的口碑提升。在实际培训工作中，可以将企业高层领导设为培训项目的领头人或项目组长，并争取高层领导出席培训现场。比如，马云经常出席湖畔大学的开学典礼。

最后，要设计完美的培训过程，把服务做到极致。本着"服务即营销"的理念，把培训过程做得尽量完美，包括培训过程中培训时间与流程的合理安排、后勤的保障、培训指引、课程呈现等内容尽量做得无可挑剔，超出学员的期望。

4.4　有效开展培训：培训组织与培训呈现

1. 培训方式的选择

组织中常见的培训形式可分为三大类：OJT（On the Job Training, 在岗培训）、OFFJT（Off the Job Training, 脱岗培训）及员工自我学习。OJT 是企业目前最常用的培训手段，各部门的领导者、经验丰富或技术娴熟的老员工对普通员工或新员工的在岗培训辅导都属于 OJT 培训的范畴，OJT 的特点是针对一些工作技能和工作方法可以实时培训，不受时间的限制，不用脱离工作岗位，效果明显，且实用性强。OFFJT（脱岗培训）是指脱离工作岗位进行的脱产集中培训或外派参加学习，它的特点是系统性强，可以减少学员因工作带来的学习干扰，集中进修，集体学习。

企业培训的效果除了选择不同的培训形式，更要选择不同的培训方法。当前，企业培训的方法有很多种，不同的培训方法具有不同的特点，各有优劣，如表 4-5 所示。要选择合适的培训方法，需要考虑培训的目的、培训的内容、培训对象的自身特点及企业具备的培训资源等因素。因为不同的培训方法适合于不同的培训场合，对调动学员的参与度、培训师的组织及授课能力也有相应的要求。

表 4-5　常用的培训方法介绍及优缺点比较

培训方法	简单说明	优点	缺点
讲授法	讲授法是一种最基本、最常用的培训方法，培训师授课，学员被动地接受。适用于人数较多、内容较多或比较正规的课题讲授	培训师能够有效控制讲课内容与时间，知识量大	培训师与学员之间缺乏沟通互动，无法及时进行效果反馈及课堂问题挖掘

续上表

培训方法	简单说明	优点	缺点
培训师演示+学员实操	演示是把培训任务分拆成零碎的部分，帮助学员观察和体验讲课的内容；实际操作是让学员亲自动手，实践所学的知识和技能	能够加深学员的印象，增强他们的动手能力，强化训练	易受周围环境的限制，尤其涉及动作时，要确保留有足够的时间让学员实践
案例教学法	组织学员分析和研究案例，学员自由分享，再由讲师点评总结	能够训练学员良好的思辨与决策能力，训练学员如何在相似案例环境中处理问题	案例应具有真实性和针对性，不能随意杜撰；案例要和培训内容相一致
角色扮演法	由学员自己想象角色的场景，并加以描述和表演；可由学员扮演不同的角色，在练习结束时，听取学员的讨论、体会和总结	让学员成为参与者，主动发现结果的效果比被动接受结果好	需要事先准备好材料和道具；需要时间来保证这种方法的贯彻实施；并且学员愿意参与其中
小组讨论法	分组或全体学员围绕某个主题展开讨论	促进学员的学习，加深学员的理解	需要留出宽裕的时间；参与讨论者必须事先准备相关资料
师徒式培训法	以导师带徒的方式对徒弟进行一对一或一对多辅导培训	工作中现场手把手教学，效果明显，反馈及时，及时互动	需要对师傅进行有效的激励，否则很难让师傅心甘情愿地去教徒弟
头脑风暴法	一种结构化的讨论形式。培训师给出一个论题，鼓励所有学员自由说出更多的想法（提倡与众不同的思路），并将想法罗列出来，逐步进行讨论，最后定出最好的	能鼓励学员抛开既定的思维方式，另辟独特的思路和想法；能够收集更多的想法，整体效果比单独思考要好	课堂氛围有时会混乱，需要培训师在适当的时候"叫停"，但这一做法会降低头脑风暴的功用，需要在时间上有保证
户外拓展	又叫体验式培训，适合于团队训练或新员工培训；训练目标包括体能（生存）训练到心理训练、团队训练、管理训练等	要求学员全身心投入培训中；能增加学员的亲身体验，形成长久的记忆并影响其新的行为和能力	存在危险，可能会发生意外，"安全第一"的意识在这种培训方式中尤其重要；户外拓展项目有时比较牵强，与工作关系不大
沙盘模拟	是继传统教学与案例教学分析后的一种创新，融理论与实践为一体、集角色扮演与岗位体验于一身的设计思路。使学员在受训中参悟科学的管理规律	可以强化管理知识，训练管理技能，提高员工综合素质，使学员在参与中、体验中完成知识到技能的转化	对教师的要求高，引导与控制难度大，学员之间可能差异大，同时要求学员主动遵守游戏规则；可能产生理解差异等
教练式培训	以学员为主体，培训师保持中立，充当学员发现自我与成长的镜子、指南针、催化剂；培训师以发问、启发为主；让学员学会表达与分享，自我发现与自我感悟	以学员为主体，一改传统教学中以老师讲授为主的讲授方法，强调学员的自我发现和体验，增强了培训的效果与持久性	可能部分学员的理解有偏差，要求学员配合度高、参与度高，要求教练发问、控场能力强，善于引导学员

续上表

培训方法	简单说明	优点	缺点
五星教学法	由美国著名教学技术与设计理论家、教育心理学家戴维·梅里尔提出，把教学分为五大过程：聚焦问题、激活旧知、论证新知、应用新知、融会贯通	建构主义教学主张，认为学习就是重构学员的认知模式。强调学习以学员为中心，以实效为目的，简单、有效	对教师的要求较高，教师要善于聚焦问题，善于与学员互动，激发学员的参与感，让学员自己重构认知模式，强化训练，直到融会贯通
情境高尔夫	情境高尔夫是将情境管理理论和高尔夫运动结合起来的一种全新的培训方式。通过设置管理情境，运用高尔夫运动的操作流程，采用全程情景模拟和案例分析的实战培训方式	以学员为主导，真实案例模拟训练，理论与实践相结合；测评与训练相结合。时尚、互动性强，学员参与度高	对老师的授课、工作经验要求较高，设计出来的案例必须真实、具有可操作性；老师要善于总结、归纳；要熟练掌握测评工具，有较高的发问与控场能力
E-learning 教学法	通过应用信息科技和互联网技术进行内容传播和快速学习的方法，主要有网络平台视频教学、直播教学方式	教学内容上传到网络平台，便于碎片化学习，快速高效，节约培训成本	缺乏互动与灵活性，培训现场效果较差，效果不延续，培训组织压力大，难以检查培训效果
行动学习法	所谓行动学习法，就是透过行动实践学习。即在一个专门以学习为目标的背景环境中，以组织面临的重要问题作载体，学习者通过处理实际工作中的问题、任务、项目等，从而达到开发人力资源的目的	以实践活动为重点，以真实案例为对象；以团队决策为要求；在解决问题的同时提升能力。在做中学、学中做	行动学习需要的周期较长，短期的行动学习项目的缺点在于行动和学习的效力不够强，很难保证学员长期的热情

2. 场地及培训设施的准备

培训实施前应把场地、培训器材准备好，查看各类设备是否可用、各类后勤保障物资是否到位。如果是外聘讲师，则要求培训组织方协助外聘讲师开展培训，提前与外聘讲师沟通培训事宜，如外聘培训师在培训物料及座位摆放方面有哪些要求？需要培训组织方提供什么样的支持？等等。培训组织方最好在培训前做好所有的物料及后勤保障准备工作，要综合思考培训过程中需要哪些辅助道具及器材，如A4白纸、白板笔、遥控笔，同时要为培训师准备茶水。表4-6所示为培训实施前的硬件检查表。

表 4-6　培训实施前的硬件检查表

待准备的物品	数量	确认是否到位	备注
电脑 / 备用笔记本			
投影仪			
教学用遥控笔			
白板			
音响			
座式 / 移动麦克风			
白板笔（黑色、红色、蓝色）			
A1 大白纸			
A4 白纸			
资料袋及课程资料			
企业及产品宣传册			
培训宣传用横幅、宣传标语			
座位摆放及要求			
分组牌、席位牌			
签到引领牌及签到本			
抽取纸巾、垃圾篓			
茶水或矿泉水			
签字笔 / 圆珠笔			
照相机 / 摄像机			
常用中暑 / 急救药品			
培训用道具			
其他指定后勤物品			

3. 精准化的教学组织

精准、严密的教学组织是保障培训实施落地与效果显现的重要环节，开展精准教学、提升培训的针对性与实用性是组织培训的重要准则。我们可以从 4 个维度来有效开展精准化的教学组织活动：全流程设计、全方位教学、全过程管理和全要素考核，如图 4-13 所示。

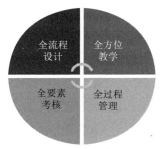

图4-13　精准化的教学组织

（1）全流程设计。坚持所有教学活动严格按照既定的教学计划进行，明确教学目标与考核原则，紧紧围绕企业的发展战略和人才培养要求，设计教学的全流程，做好教学组织、教学研讨、班组文化建设及教学监督管理工作，通过"学思践悟"各个环节，全面提升学员的技能。

（2）全方位教学。根据不同的教学主题，灵活地选择教学形式，除了常规的面授教学外，还要引入小组研讨、案例教学、情景模拟演练、沙盘教学、头脑风暴、高管面对面等多种教学形式，并可在企业内部建立多样化的教学交流平台（比如企业内部网络交流平台、读书交流会）。通过实施全方位教学，充分发挥学员的主体作用，在思想交流、观点碰撞、问题解决方面达成共识，提高能力，促进学习效果的转化。

（3）全过程管理。培训工作宜采用"项目制"管理方式，尽量配备班主任、班委进行管理，从学员考勤、学习积分、作业布置与检查、考核等维度进行全过程管理，形成良好的学习纪律和学习风气。

（4）全要素考核。对学员的学习纪律、学习成果、参与度等进行全要素考核，通过组织考试或实践考核，促进学员对知识的吸收、技能的掌握。

4.5 基于培训效果落地的思考与评估方法

4.5.1 培训评估的常用方法与步骤

培训评估是培训闭环管理的关键环节之一，它是运用科学的理论、方法和程序，从培训项目收集数据，并将其与整个组织的需求和目标联系起来，以确定培训项目的价值和质量的过程。

培训评估一般可分为训前评估、训中评估、训后评估三种。一般培训评估的模型有柯氏四级评估模型、考夫曼五层次评估、菲力普斯五级投资回报率（ROI）评估模型、目标导向模型等。

培训评估通常可按如下 6 个步骤进行：（1）确定培训评估的目标、量化评估标准；（2）设计评估方案；（3）收集培训效果评估信息；（4）处理分析数据；（5）撰写培训评估报告；（6）应用培训效果评估结果。

培训评估信息及数据收集的常用方法有：问卷调查法、观察评估法、考试（考核）法、打分法、访谈法和实操法，如图 4-14 所示。

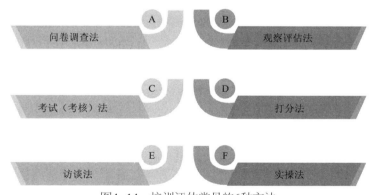

图4-14 培训评估常见的6种方法

（1）问卷调查法。

问卷调查法主要是以问卷调查的方式来收集学员对培训的反馈，属于培训反应层面的评估方式，是一种常见的培训评估方式，示例如表 4-7 所示。

表 4-7 关于 ×× 课程的培训调查问卷

调查说明：

1. 请详细、如实地填写，并按时交到培训组织部门或相关人员处；

2. 请在您选择的答案前画"√"，希望您给予真实的回答与评价，这会有利于我们工作的改进。

培训主题		培训师		培训时间	
一、关于培训课程、内容					
1. 您认为本次课程对您的工作是否有帮助　□很大　□较大　□一般　□没有					
2. 您觉得本次课程的安排逻辑与层次如何　□很好　□好　　□一般　□差					
3. 您认为本次课程是否能够解决您工作中的实际问题　□能够解决　□部分得到解决　□没有得到解决					
4. 参加本次培训，您有哪些收获：					
□学到了新知识　□获得一些可以用在工作中的技巧及技术　□帮助我印证了某些观点					
□帮我改变了我的工作态度和想法　□给了我一个认识自己及所从事工作的机会　□其他收获					
5. 您认为本次课程有哪些内容需要增加或删减：					
需要增加的内容 _____；需要删减的内容 _____					
6. 列出您参加本次课程的 3 点收获：					
①					
②					
③					
二、关于培训师					
1. 您认为培训师的专业水平和培训经验如何　□优秀　□较好　□一般　□差					
2. 培训师对教学内容、培训目标的阐述是否具体，明确和完整					
□优　□较好　□一般　□差					
3. 您对此次培训的教学组织是否满意　□很满意　□满意　□一般　□不满意					
4. 您对培训师在培训内容的针对性与实用性如何评价　□很好　□尚可　□一般　□差					
三、其他方面					
1. 将来若有类似培训，您是否愿意参加 □愿意 □不愿意 □不确定					
2. 您对本次培训课程的整体评价？ □很满意 □满意 □一般 □不满意					
3. 您还想参加企业哪类培训，请举例说明课题					
4. ……					

（2）观察评估法。

观察评估法是指通过观察学员在参加培训前后的行为变化来评估培训成效的一种评估方式，此种评估方法需要观察者对学员的行为尽可能客观地评价与反馈，并公正地填写观察评估表，如表 4-8 所示。

表 4-8 培训效果观察记录表

培训课程		培训日期	
观察对象		观察记录员	

续上表

观察到的现象（员工行为或员工绩效）	培训前的情况：
	培训后的情况：
其他情况说明	
培训效果总结	

（3）考试（考核）法。

考试（考核）法也是用于培训评估的常用方法，这种评估方式侧重于对学员的评估，可通过笔试、口试或现场实操考核等方式来进行，也可以同时运用几种方式来进行综合评估。相关考核评估表如表 4-9 所示。

表 4-9　学员考核评估表

课程名称：　　　　　　任课培训师：　　　　　　　　时间：　年　月　日

序号	评估项目	分值 / 权重	得分
1	笔试考核	40 分	
2	口头问答考核	30 分	
3	模拟技能演练考核	30 分	
被评估人		综合得分	
岗位		所属部门	
评估结果	A. 优秀（85 分以上）□　　B. 良好（70~85 分）□　　C. 合格（60~70 分）□ D. 不合格（60 分以下）□		

（4）打分法。

打分法是一种简单的量化式培训评估方法，可事先设计培训评估表格，让相关人员填写，也可以让学员的上级、下级和平级进行 360 度打分，来综合评估培训的效果。

（5）访谈法。

访谈评估法主要是指培训组织方或学员直接领导通过面谈的形式来了解学员参加此次培训的学习内容、学习收获及综合评价。此种方式快速高效，并能第一时间听取学员对培训课程、讲师及培训组织方的反馈。

（6）实操法。

实操法侧重于技能类培训的考核，通过实操考核来检验学员对技能的掌握与熟练程度，这种方式检验及时、互动性强，能有效促进学员与导师的互动以及学员学习效果的转化。

4.5.2　从人才供应链质量角度思考培训的效果落地

1. 从"满意度"向"有用度"转变

大多数企业的培训评估侧重于"满意度"，包括学员对讲师授课的满意度，学员对培训组织方的满意度等，于是讲师、培训组织方为了提升"满意度"，有意无意地去讨好学员。有时培训组织方花大心思去做好培训组织的每一个细节，比如，课程、讲师方面安排得都不错，培训现场效果也非常不错，但就是因为部分行政后勤工作出现偏差，导致学员对培训的整体满意度并不高（比如食堂伙食问题、住宿安排问题、课程时间安排问题）。

实际上，培训效果的评估应更多考核学员对学习内容的掌握与转化，而不是仅仅考核讲师与培训组织方。也就是说，要让培训的效果评估从"满意度"向"有用度"转变。表 4-10 所示为培训"满意度"与"有用度"评估的比较。

表 4-10　培训的"满意度"评估与"有用度"评估的比较

培训评估方式	调研维度	调研问题
"满意度" 评估	课程内容的针对性与实用性	该培训能否针对性解决你工作中的难题
	讲师的授课水平与呈现技巧	讲师的授课水平如何？控场能力如何
	讲师对学员的关注度	讲师授课是否与学员形成良好的互动关系
	对培训组织方的满意度	对本次培训的组织及后勤保障是否满意
"有用度" 评估	内容的针对性与实用性	该培训和你的工作联系度如何
	问题解决程度	该培训在多大程度上解决了你培训前的问题
	培训的适应范围	该培训能在工作中哪些维度开展应用
	效果转化度	学员在学习完该培训后，转化应用的程度如何

"有用度"评估打破了传统的学员对讲师及培训组织方式的评估，让培训回归本质，让培训内容设计与教学组织更加关注内容的实用性与帮助学员解决问题、落地转化。如果一个培训课程和学员的工作场景关联性强，大幅度解决了学员的问题，那么这个培训对学员本身就是有用的，甚至讲师的教学技巧也不一定是关键要素了。

"有用度"的评估方式进一步强化学员的主体作用，强调培训课程与学员工作场景高度联系，授课内容有用有料，同时讲师的"教"只是引导，学员的"学与思"才是关键，对学员的学习转化与效果落地考核才是核心。

2. 促进培训效果落地的"三三法"

培训效果落地是培训工作的一大难题，往往表现为培训中非常激动，培训后一动不动。培训效果落地难主要原因有三个：一是缺乏培训闭环管理机制，企业往往认为培训的重点是培训实施，而忽略了学员对培训的应用监督与考核；二是由于员工的惰性，不愿意主动将培训中学到的知识、技能应用到日常工作中去；三是缺乏培训落地转化的交流平台与环境。

因此，笔者根据多年的培训管理工作实践，提供一个有效的方法——培训转化"三三法"，可以帮助大家解决培训转化难的问题，如图 4-15 所示。

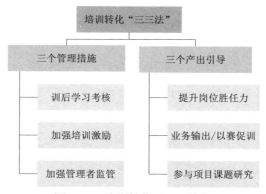

图4-15　培训转化"三三法"

（1）"三个管理措施"监督学员培训转化。

首先，可通过培训后考核，包括理论考试、实践考核、学习心得交流等方式，加深学员对学习内容的理解与掌握，提升学员对培训的重视程度。

其次，加强培训激励。让学员的培训与绩效考核、晋升及职称关联起来，促进学员主动学习，培养持之以恒的学习习惯，塑造积极进取的学习氛围。

再次，加强管理者监管。学员的直接领导是促进学员学习转化落地的重要力量，通过加强监管、提升应用环境、引导应用学习内容等方式，促进学员对学习成果的落地转化。

（2）"三个产出方向"引导学员培训转化。

首先，学习应用提升岗位胜任力。通过训前评估，寻找学员的绩效胜任差距，在培训学习后，引导学员在本岗位上的实践应用，促进其岗位胜任力的提升，从而提升个人绩效。

其次，通过业务输出、以赛促训等方式，提升学员培训后转化应用的频次与强度，从而提升熟练程度。

最后，鼓励学员参与企业的项目课程研究，通过真实的项目历练，完善学员的知识结构，提高解决问题的能力，从而提升员工绩效。

第5章

人才考核：有效的绩效考核与激励措施

　　一名员工绩效的产出除了自身能力维度外，更重要体现在员工的工作意愿与管理者的监督维度上，而有效的员工激励与绩效考核是提升员工工作意愿与管理者监督的重要手段。同时，利用业绩和能力考核来衡量人才的真实价值，也是一种非常不错的方式。

5.1 心中有数：员工绩效的特性与考核难点

绩效考核是用来衡量员工劳动产出的重要方法之一，也是目前企业最常用的员工管理方法之一。关于绩效的定义目前有三种不同的观点：①绩效是结果，是指完成的工作或任务的结果；②绩效是行为；③绩效包括"行为""结果"和"价值"。绩效技术之父吉尔伯特提出一个关于绩效的公式：绩效＝有价值的成效 ÷ 行为的代价。其中"有价值的成效"是指工作或任务结果，可理解为业绩；同时，绩效的产生必然会伴随着一个行为代价。从这个公式来看，最好的绩效是：以最少的行为代价获得最有价值的成效。

5.1.1 员工绩效的三大特性

员工绩效具有三大特性：多因性、多维性和动态性。只有充分认识员工绩效的特性才能更好地做好绩效考核工作。

1. 多因性

员工绩效的产出具有多因性，也就是说员工绩效产出的高低不是由单一因素决定的，而是在多种内外部因素的影响下不断变化的。这些因素包括：技能（个人的天赋、教育水平、专业技能）、态度和意愿、环境（包括企业环境和外部环境）、机会（即承担某种任务的机会、管理分工）。

通俗地说，影响员工绩效的因素包括员工的态度和价值观（愿不愿干）、员工的能力和技术（会不会干）、环境和机会（允不允许干）。

因此要提升员工的绩效，我们不能光从员工的能力提升维度来入手，而要综合考虑员工的态度、能力和机会等影响员工绩效产出的因素。

2. 多维性

多维性是指员工的绩效考核可以从多个维度来进行综合评定，一般考核的维度包括：员工的品德、能力、态度、工作行为与业绩、廉洁自律等，也就是我们常说的"德能勤绩廉"。

同时，企业对不同层级的员工考核方式、方法可能不同。比如，国网公司对各级单位采用"关键业绩制"考核；对各级部门、班组及管理类和技术类员工采用"目标任务制"考核；对技能类、服务类一线员工采用"工作积分制"考核。

3. 动态性

动态性是指员工的绩效不是一成不变的，它随着员工的个人能力、企业激励制度的完善以及各种环境的影响而变化，可能变高，也可能变低。因此，作为管理者在对员工进行绩效考核时，要有动态的眼光和管理思维，不能形成刻板效应，要努力引导员工积极向善的一面，从而激发员工的主动性与创造性，围绕战略目标与岗位要求，以创造更好的个人绩效和组织绩效。

5.1.2　员工绩效考核的本质认知

绩效考核也叫绩效评价、绩效考评，是运用特定的标准和指标，对员工的行为及取得的工作业绩进行评估，并运用评估结果对员工将来的工作行为和工作业绩进行正面引导的过程和方法。绩效考核是绩效管理中不可或缺的一个环节，而非独立的闭环。对绩效考核的本质认知总结如下。

（1）绩效考核仅是绩效管理系统的一部分，是一个阶段性的总结，它强调事后评估。

（2）绩效考核的核心价值是"评价"，只有跟评估结果应用结合在一起，才能真正发挥作用，不能为了考核而考核。

（3）绩效考核的核心目标是通过评价"达到诊断与改善"的目的，通过绩效评价，诊断员工在能力素养、态度及工作方法维度上的差距，并帮助其寻找改善的方法，最终达到提升能力、改善绩效的目的。

（4）绩效考核是一种监督约束机制，更是一种有效激励机制；它是一把双刃剑，用得好将大大激发员工的主动性与创造性，用得不好还会打消员工的工作积极性，并招来员工的抱怨与消极情绪。

5.1.3　员工绩效考核的难点

组织在实施绩效考核时经常会遇到诸多问题，主要表现在以下几个方面。

（1）员工普遍认为绩效考核就是变相扣工资，因此员工天然地对绩效考核产生抵触情绪。

（2）企业内部门与专业繁多，如何针对不同的员工群体选择合适的考核工具与方式是难点。

（3）如何选择绩效考核指标，既能保障企业战略目标的分解落地，又能让员工心甘情愿地接受。

（4）如何有效地推进绩效文化，最大限度地争取管理者的支持及员工对绩效的理解是绩效考核落地的关键点。

（5）绩效考核究竟应该考核哪些维度？选择什么考核工具？

我们先来看一个有关猎狗考核的经典故事，对员工的绩效管理有着较好的启示。

猎人带着一条健壮、凶猛、反应灵敏的猎狗去打猎，但是这只猎狗的表现太让猎人失望了，一天下来连一只兔子都追不到。

一旁的山羊看到这一幕，讥笑道："猎狗兄弟，你长得这么健壮，怎么连只兔子都追不到呢？"猎狗呵呵一笑："你有所不知，我们跑的目的是完全不同的。我只是为一顿饭而跑，而你却是为了自己的生命在奔跑"。

这句话传到猎人的耳朵里，他想："猎狗说的确实有道理，只有让猎狗像兔子那样为了生命而奔跑，我才能得到更多的猎物。"于是猎人又买了几条猎狗来，并明确规定只有那些在打猎中捉到兔子的猎狗，才可以分得几根骨头，捉不到的就没有饭吃。

这一招果然有效，为了不挨饿，猎狗们纷纷去追兔子，猎人由此获得了更多的猎物。

可过了一段时间，又出现了问题，大兔子体力好，跑得快，非常难捉到。相比之下小兔子则好捉得多。但捉到大兔子与小兔子得到的奖励是一样的。一些善于观察的猎狗发现了这个窍门，于是专门去捉小兔子。慢慢地，大家都发现了这个窍门，于是捉到的大兔子越来越少。

猎人以为是猎狗的技术不过关，于是展开了主题为"快速捕猎大兔子"的专项培训，但培训后猎狗捉到的兔子依然是小兔子，猎人就问其中一只猎狗原因。猎狗说："捉大兔子和捉小兔子在奖励上没有区别，我们为什么费那么大的劲儿去捉大兔子呢？"

猎狗的这番话让猎人茅塞顿开，于是决定将骨头数量不再与是否捉到兔子挂钩，而是每过一段时间，就统计一次猎狗捕捉到的兔子的总重量。以此来决定猎狗该段时间的待遇。结果猎狗们捉到的兔子的数量和质量都增加了。

这个故事很好地诠释了考核的难点，绩效考核究竟考什么？怎么考？如何与员工的工作行为及业绩挂钩？这是考核的三大难点，如何实施，关系着绩效考核是否能真正落地。

5.2　手中有术：员工绩效考核的常用工具

常见的绩效考核工具有：目标管理法（MBO，Management by Objectives）、关键绩效指标（KPI,Key Performance Indicator）、360 度评估法、主基二元法、平衡计分卡（BSC, Balanced Score Card）、员工积分制及目标与关键成果法（OKR）等。不同的考核工具本身没有好坏之分，处在不同管理阶段的企业应选择最合适自己的绩效考核工具。

5.2.1　目标管理法（MBO）

目标管理的概念是由管理学大师彼得·德鲁克在其著作《管理的实践》中提出来的，它体现了现代管理的哲学思想，是领导者与下属双向互动的过程。目标管理法（MBO）是通过将组织目标分解到个人目标，再根据被考核人完成目标的情况来进行考核的一种模式。那些偏向以结果为导向的企业或部门就常常采用目标管理法。

目标管理法不是用目标来控制员工，而是用目标来激励员工，让员工从"要他干"变为"他要干"，目标管理法使绩效管理有了新的历史价值，从最初的绩效考核到从目标到结果的全过程管理。

1. 目标管理法的优势

（1）目标分解。千斤重担大家挑，人人身上有指标。目标管理方式的实施切切实实提高了组织管理和员工管理的效率，它比计划管理方式在推进组织工作进展、保证组织最终目标完成方面更胜一筹。

（2）任务明确。目标管理的另一个优点是使组织各级主管及成员都明确组织的总目标、组织的结构体系、组织的分工与合作和各自的任务。

（3）控制有效。目标管理方式本身就是一种控制方式，包括 PDCA 循环系统，目标管理并不是把目标分解下去便结束了，事实上组织管理者在目标管理中要经常检查、对比目标，如果有偏差就及时纠正。

（4）结果易于观测和评估。目标管理法通过对比起初设定的绩效目标与员工实际发生绩效的差距，很容易进行结果的观测与评估，同时适用于进行绩效的及时反馈和辅导。

2. 目标管理法的劣势

（1）有时候过分强调短期目标，对企业长远发展不利。

（2）目标设置有时候比较困难或有争议，难以选定或难以量化。

（3）目标一旦确定，执行过程比较难调整，无法适应快速变化的环境。

5.2.2 关键绩效指标（KPI）

关键绩效指标指的是通过对企业内部流程的输入和输出的关键参数进行设置、取样、计算、分析，以衡量绩效的目标式量化管理指标，是企业实现战略目标需要的关键成功要素的归纳和提取，是目前企业运用最多的考核工具之一。

关键绩效指标有效承接了企业的战略目标，从企业战略到部门计划，再分解到员工的岗位 KPI，锁定了员工的工作结果与重点工作任务，将部门和个人的目标与企业的目标有效地联系在一起，并根据二八原则，关注 20% 的关键性指标，让管理形成了有效的抓手，能及时发现部门或员工存在的问题，并通过反馈机制，促使部门或个人及时改进，引导企业向期望的管理目标发展。

1.KPI 的优点

（1）考核目标明确。将战略目标层层分解落实到岗位关键绩效指标，通过控制 KPI 指标，使员工的绩效行为与企业的要求达到一致，确保不偏离企业的目标。

（2）重点指标锁定。利用二八原则，紧抓关键指标，突出管理的效能，起到四两拨千斤的作用，发挥绩效管理的最大价值。

（3）便于量化考核。由于 KPI 考核大多是量化指标，避免了大家的争议和感情打分。

（4）动态管理。KPI 指标不是一成不变的，比目标管理更显灵活；企业在不同的发展阶段关注不同的 KPI。动态管理，更有利于企业形成以市场为导向的经营理念和不断发展的创新机制。

2. KPI 的缺点

（1）KPI 更多是量化指标，关注结果，而导致部分企业考核只注重结果，不看过程，有可能会打消员工的积极性。

（2）KPI 考核并不适用于所有岗位，更多适应用于业务性岗位、管理性岗位，对于研发、设计等创意性的岗位不太好提取考核指标。

（3）指标库的提取工作量大，对于不专业的 HR 工作者很难提取各部门、各岗位的关键绩效考核指标，而员工自己提炼出来的"KPI 指标"往往是为了应付企业考核的非关键性指标。又因为 KPI 指标是可变的，所以加大了人力资源部的工作量。

5.2.3　360 度评估法

360 度评估法又称之为全方位考核法，是一种较为全面、成熟的绩效考核方法，它获取消息的主体通常是同被考核者存在工作关系的上级、下属、平级、客户等。360 度评估法也是目前企业用得比较多的一种考核方法，一般适合对工作年限较长的员工或者管理干部进行考核。360 度考核的主要目的是助力于员工的发展，而不是对员工进行行政管理。

1. 360 度评估法的主要优点

（1）全方位、多角度获取考评信息，保证考评结果的科学性和准确性；

（2）是一种基于员工胜任特征的考评方法，能划分出绩效优秀者与绩效一般者；

（3）更加强调对外部客户的服务，提升了企业的运行效率；

（4）多层面考核，让员工更全面地了解自己的工作绩效和态度，有助于员工获得职业规划设计，促进员工的自我发展与完善；

（5）增加可信度，对于同一被考核人，能够反映出不同考核人的评价，增加了评估的可信度。

2. 360 度评估法的主要缺点

（1）实施难度大，由于获取信息的途径多，信息量大，花费时间较长，评价的成本相对较高。

（2）容易打人情分，员工可能为了打高分拉拢上下级。

（3）由于考核评价人的评价标准和评价严谨性不统一，容易出现不同考核评价人对同一个员工的考核结果差异很大，最后导致打分和最终结果容易流于形式。

（4）容易影响内部员工的工作积极性，降低员工对企业的忠诚度。

5.2.4　主基二元法

从管理学角度来看，绩效是一种导向，是期望的结果，绩效又可分为组织绩效和员工绩效。主基二元考核法的思考来源于双因素理论，以刺激员工需求达成期望目标。任何一项工作都可以分为两部分，一个是称得上显著业绩的部分，通过努力和加强这一部分工作，能够让人觉得他更出色，或者超出一般水平，这部分被称为主要绩效；另一部分是所有的基础工作，是支撑显性业绩产生的基础，这部分称之为基础绩效。

主要绩效重点评估员工创造价值的能力，鼓励员工不断提高，发挥潜能，做得越好，绩效分越高，这也是判断优秀员工和价值分配的重要依据，主要绩效属于增值部分，不开展不会影响到正常业务的基本运作。基本绩效强调个人对本职工作执行的准确程度和效率高低，基本绩效要求员工将自身分内之事做好，保障组织发展的基本运作。

从这两个角度出发，既能考察员工在本职工作中的工作质量和效率，保障基本绩效，与绩效工资挂钩；又能激发员工主动接受富有挑战的工作，促进个人贡献，与奖金挂钩。

1. 主基二元法的主要优点

（1）通过绩效分解同时评估个人和团队主要绩效和基本绩效，确保整体绩效目标的实现。

（2）它刺激主要业绩不断提升，同时带动积极向上的企业文化氛围。主要绩效可以通过目标管理的方法，重点提高业绩。当每一级显性业绩关联增长后，整个企业的显性绩效就提高了。

（3）基础绩效指标采用红、黄、绿三色管理，红色为必须改善区，黄色为一般区，绿色为优秀区。以提升基础平台，促进企业的基础素质得以提高。

（4）简化管理，主基二元考核法的操作虽简单，却包含丰富的信息，可以通过实施绩效考核而改进绩效，不用担心它会影响被考核者的精力和情绪。

2. 主基二元法的主要缺点

（1）考核指标不够全面、系统，对需要做精准化绩效管理的企业来说，指标略显单薄；

（2）主基二元法必须与管理改善结合在一起，对管理者提出更高的要求；

（3）主基二元法更适用于有一定管理基础的企业，个人认为，对于初创企业可能不是特别适用。

5.2.5　平衡计分卡（BSC）

平衡计分卡是一种新型的绩效考核方式，它的核心思想是通过财务、客户、内部运营、学习与成长四方面的指标来衡量绩效，过去的绩效考核偏重于财务指标，而平衡计分卡使考核指标更"平衡"，从而实现从"绩效考核"到"绩效改进"的目标，平衡计分卡之间的每一项指标都是环环相扣的。

1. 平衡计分卡的主要优点

（1）既关注战略，又考虑实际经营管理，是战略落地和企业经营管理之间的平衡。

（2）既关注财务指标，又有非财务指标考核，是财务与非财务的平衡。

（3）企业的结果性指标与动因性指标之间的平衡。

（4）企业长期目标与短期目标的平衡。

（5）领先指标与滞后性指标的平衡。

2. 平衡计分卡的主要劣势

（1）实施难度比较大，对管理后台、财务的数据指标要求比较高。

（2）实现过程的工作量大，短时间内很难实现，还会花费较大的人力物力。

（3）适用于较大型企业，对初创型企业不太适用。

（4）没有很好地体现员工的岗位目标，不能快速地带来考核与激励的效果。

5.2.6　员工积分制

在供电企业一线班组中，员工积分制考核被广泛应用。所谓员工积分制就是对一线员工工作质量和数量完成情况进行量化，累计积分的形式。它可以对一线员工在工作、学习、创新、荣誉及技能等多方面客观地进行量化积分考核，积极引导员工做好职业规划，踏实做好本职工作，不断提升能力和绩效。

员工积分制又可分为正向积分和负向积分两种，正向积分可以从个人基础工作、业务能力、创新创效、表彰奖励、工作业绩等方面进行正向积分累加；负向积分主要针对员工在安全生产、优质服务、劳动纪律、廉洁自律等方面进行负向积分累加。

1. 员工积分制的主要优点

（1）员工积分制采用量化评估的方式，能客观、有效地考核员工在工作数量和质量方面的完成情况，非常适用于一线班组员工的量化考核。

（2）员工积分制对员工的考核范围广、量化考核数据，能有效帮助员工发现自己的缺陷和不足，让员工在实际工作中提升自我素养，形成"比学赶超"的氛围。

（3）更倾向于对员工过程的管理，从而对员工形成有效的过程监控与工作方向引导。

2. 员工积分制的主要缺点

（1）员工积分制往往考核指标多且需要在平时对被考核者的日常工作数量与质量进行累计积分，因此，对考核者（绩效经理人）来说，工作量大、任务重。

（2）不同的考核指标往往具有不同的引导方向，因此，要把积分制考核做好，要有效选取合适的绩效考核指标。

5.3 掌握核心：把握员工绩效考核落地的关键

要做好员工的绩效考核管理必须以落实组织的战略目标为基础，坚持公平、公正、公开的原则，有效发挥绩效考核的约束性与激励性，达到奖勤罚懒、优胜劣汰，促进员工能力提升与组织绩效改善的目的。要想让员工的绩效考核落地，需做好以下重点工作。

1. 绩效目标的分解是基础

绩效目标分解是绩效管理工作的起点，也是绩效考核工作的基础。根据企业的战略与运营目标，绩效目标分解到每个部门，再细分到每个岗位，形成绩效指标体系。在绩效目标分解的基础上，管理者经过与员工沟通形成员工绩效计划，并与其签订绩效考核责任书。

千斤重担大家挑，人人身上有指标。绩效目标的分解与绩效计划的制订，既使企业的战略目标具体分解到每个岗位，明确了员工的责任；又为员工提供了工作指引，明晰了考核的标准。因此说，绩效目标分解是绩效考核工作的基础，让员工绩效考核的指标有效承接组织战略的落地，有效避免为了考核而考核的形式主义。

2. 考核工具与方式的选择是难点

绩效考核的工具与方式有多种，但并不是所有的工具与方式都适合企业。我们要针对企业的实际情况及不同层级的员工状况，选择合适的绩效考核工具与方式。一般企业的发展都需要经历：成立期、发展期、稳定期和衰退期四个阶段，每个阶段的重点任务是不一样的，其适合的考核工具也是不一样的。比如，对于初创型企业往往关注客户的开拓及业绩的增长，可采用目标管理、KPI 等考核工具；对于稳定型企业更多地关注人才培养、组织持续盈利，可采用 BSC、KPI、主基二元法等考核工具。

同时，即使同一时期的企业，针对不同层级的员工，其考核方式也可能是不同的。比如：中高层管理干部考核可采用目标责任制、360 度评估、民主测评等方式；一线班组员工可采用积分制、KPI 考核方式。

3. 绩效沟通与辅导是关键

企业的绩效考核不能为了考核而考核，成为变相罚扣员工工资的一种方式。其实，企业开展绩效考核的主要目的有两个：一是把组织目标分解到每个岗位，明确员工的工作方向和责任要求；二是帮助员工发现问题与短板，以促进其能力与绩效的提升。而绩效沟通与辅导是帮助实现这两个目的的有效手段，常常由于绩效沟通辅导不到位，容易让绩效考核工作不能形成有效的闭环。

绩效沟通贯穿于绩效管理的整个流程，包括绩效计划制订、绩效考核及绩效改善环节。通过绩效沟通，管理者可与员工讨论绩效计划制订、绩效进展中的问题及有效的解决办法。

（1）计划制订环节的绩效沟通。

计划制订环节的绩效沟通是一种前置沟通，绩效管理过程通常是从计划与设定目标开始的，将企业战略目标分解到部门与员工，分解为各自的关键任务，由关键任务推导出员工的岗位绩效指标。按照工作岗位与职责，对关键业绩指标、重点工作任务进行细化，在与员工充分沟通的基础上，协助员工拟订绩效指标和目标值，并组织签订绩效协议书。在此过程中，充分沟通、协商一致是关键。签订的协议书一般有两类，对组织是业绩责任书，对员工是绩效协议书。上级领导与各部门管理者签订业绩责任书，各部门管理者要将责任书中的工作目标进行分解，并与员工达成一致意见，最终双方签订绩效协议书。在签订绩效协议书时，管理者（绩效经理人）要负责答疑解惑、唤醒员工责任，与员工充分沟通，帮助员工准确理解工作任务，解决员工的困惑。

（2）考核期内的绩效反馈面谈。

绩效反馈面谈主要围绕员工一定周期的工作展开面谈，一般包括考核周期内员工的工作业绩、行为表现、问题及差距、改进措施及下一周期新目标与实施计划五个部分内容。

同时，绩效面谈的实施是一个循序渐进的过程，一个完整的绩效反馈面谈包括四个阶段，如表5-1所示。

表5-1　员工绩效反馈面谈表

阶段	目的	面谈要点
准备阶段	做好准备	（1）提前做好准备，确定面谈的目的和目标 （2）提前告知被考核人面谈的时间、地点、目的及需要被考核人准备的材料
开场阶段	营造良好的沟通氛围	（1）注意开场的方式方法，让整个面谈在融洽的气氛中进行 （2）肯定员工前段时间的工作表现和工作业绩 （3）说明面谈的目的、步骤及期望的结果
面谈阶段	员工自我评估	（1）员工对绩效考核期内的主要业绩和不足进行自我评定 （2）管理者有效倾听与提问引导
	告诉被考核人绩效结果	（1）管理者客观、真实、准确地向被考核者反馈其绩效结果 （2）围绕当初的绩效目标进行对比，讨论工作中的问题与差距

续上表

阶段	目的	面谈要点
面谈阶段	处理异议	（1）鼓励员工发表意见，鼓励其提出绩效中的异议 （2）针对员工提出的异议，不要刻意逃避，要正面处理，处理不了提请上一级机构进行绩效申诉
	寻找差距与 绩效改进	（1）探讨员工绩效不佳的原因，共同制订员工改进计划 （2）针对问题进行重点困难克服与资源倾斜 （3）针对长期绩效不佳的员工，深度分析是其工作任务重，还是能力问题
	制订计划	根据重点工作，初步与员工一起制订工作计划
结束阶段	总结与确认	（1）管理者与员工就面谈进行总结与确认，双方签字 （2）双方约定下一次面谈的时间与内容

在绩效反馈面谈过程中，重点是帮助员工分析工作中的问题与短板，帮助其制订绩效改善计划，并形成员工绩效改善计划书，包括员工工作改善的方法和工作能力等一系列计划，并标明需要哪些人与资源的支持。员工绩效改善计划表模板如表 5-2 所示。

表 5-2　某企业员工绩效改善计划表

被考核人姓名	部门	职务	考核人姓名	考核周期	数据提供部门

员工不良绩效描述（包括业绩、行为表现、工作能力、工作态度，分别用数据、质量、时间、费用等标准进行描述）

原因分析及改进措施

绩效改进计划

绩效改进具体目标

续上表

类别	具体目标	目标结果	衡量标准	考核权重	监督者
业绩改善目标					
能力改善目标					
行为改善目标					

绩效改进计划跟进

绩效改进起止时间	年　月　日——　年　月　日
被考核人签字：　　　　　　　　直接领导签字：	日期：　年　月　日

绩效改进实施记录：

被考核人签字：　　　　　　　　直接领导签字：　　　　　　　　日期：　年　月　日

周期结束评价：
■ 优秀：出色完成绩效改进计划
■ 达标：完成绩效改进计划
■ 尚待改进：与计划目标仍有差距
具体评价语：
直接领导：　　　　　　　　　被考核人：
人力资源部：　　　　　　　　日期：　年　月　日

4. 设计好组织中重点人才的绩效考核策略

在一个组织中不同类型的员工其创造的绩效价值是不一样的，往往关键人才与核心技术人才创造的价值远超过一般的员工。根据二八原则，20%的关键人才创造组织80%的绩效结果。因此，加强对组织中重点人才的关注与考核往往能起到四两拨千斤的效果，既能确保组织的关键绩效落地，又能很好地起到"以点带面"的作用。

（1）关键岗位人才的绩效考核策略。

关键岗位是指能影响组织发展及对绩效达成起到至关重要的岗位总和，通常在关键岗位上的人才创造的价值比一般岗位上人才创造的价值大。因此加强对关键岗位人才的绩效考核是确保组织关键绩效落地的有力保障。具体来说要做好以下三点：第一是要锁定关键岗位的核心工作目标及绩效要求，抓住关键中的关键；第二是把重点资源向其倾斜，确保关键岗位绩效实现基本的资源保障；第三是加强关键岗位人才的培养与赋能，重点培养与辅导以提升其能力，使其在岗位上最大化产出绩效。

（2）稀缺型技术人才的绩效考核策略。

稀缺型技术人才往往掌握着企业的核心技术，是企业关键技术落地及生产质量的重要保障，有时一个稀缺型技术人才能创造出数倍甚至几十倍普通员工创造的绩效。同时，稀缺型技术人才在数量上是企业为数不多的一个群体，在对其进行绩效考核时要不同于普通员工，具体来说应做好以下两点：第一是给予一定金额的技术补贴，同时，对其绩效考核的基数及系数要比普通员工高；第二让其绩效与技术攻关、创新创效等方面挂钩，鼓励其为企业进行技术攻关，为企业创造更多的效益。

（3）管理人才的绩效考核策略。

管理人员是企业战略目标达成与工作成果落地的关键，他们起着承上启下、以点带面、推动组织不断前进的重要作用，因此，实施好对管理人员的绩效考核是确保企业战略目标落地、管理效率提升的关键。管理人员又分为高层、中层、基层三种类型，高层管理者考核的重点是战略目标的制定与达成，中基层管理者考核的重点是团队目标的达成。对管理人才的绩效考核策略也可总结为三点：第一，组织目标与团队目标的实现是管理者考核的重点，目标责任制、目标与关键成果法（OKR，Objectives and Key Results）是管理者考核的常用工具；第二，管理者的核心任务是制定团队目标并带领团队成员去实现目标，因此，对下属员工的培育与辅导也应成为其考核的重点；第三，管理者的自身能力与素养，尤其是管理修养与廉洁自律，也应成为其考核的重点，因此加强对管理者的监督考核及民主测评也是对管理型人才绩效考核的重要方式。

5.4　有效激活：把员工沉睡的 50% 能力激发出来

在现代企业管理中，有些人力资源专家认为：员工 50% 的潜能是沉睡的。这意味着员工的潜能还有很大的开发空间，而"有效激励"是把员工沉睡的 50% 能力激发出来的有力手段。但是，要做好员工的激励却是一件不容易的事情，因为激励要遵循"100℃沸水"理论，意味即便把"激励之水"烧至 99℃也无法令员工真正满意，这样不仅浪费了企业的成本，还没有起到好的激励效果。

员工激励重在"有效"两个字，企业可以选择的激励手段有很多，但在不同企业发展阶段、针对不同的人群激励要有差异化、科学有效，没有最好的激励方式，只有最合适的激励方式。比如你天天给基层员工画饼、大谈企业发展蓝图，不如实实在在搞一次团建，请他们吃一顿饭。同时，激励措施不能太单一，而是要多样化，要多管齐下，物质激励与非物质激励并行，打组合拳，动静结合，阴阳互动。

5.4.1 有效激励员工的伏虎六式

企业在设计激励措施时，要在员工需求维度调研的基础上，根据企业实际情况、企业文化特性、发展目标，设计科学、合理的激励制度，实施有效的激励措施，达到激励效果最大化。根据多年的实践经验，我把有效激励员工的核心方法总结为六招，又称员工激励"伏虎六式"，如图5-1所示。

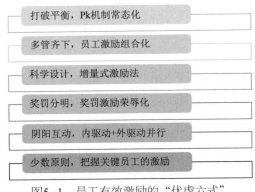

图5-1　员工有效激励的"伏虎六式"

1. 打破平衡，PK 机制常态化

有效激励的首要做法便是打破平衡，建立 PK 机制，形成比学赶超帮、争先创优的竞争氛围，小组与小组 PK，班级与班级 PK。华为公司设置专门的蓝军部门与红军部门对抗，专门挑刺，蓝军的核心职责是对抗"红军"的执行战略与方案，模拟对手的策略来对抗红军。

PK 机制的目的不是把对方打倒而是促进内部的优化，发挥"鲶鱼效应"，防止企业机制僵化。PK 机制的重点是"促进相互学习、相互帮助、彼此超越"，让

PK 机制常态化，通过不断的"比"达到"学、赶、超、帮"的效果。

海尔非常重视在企业内部为员工创造竞争的环境。"生于忧患，死于安乐"，这是海尔总裁张瑞敏经常告诫员工的一句话，也是海尔文化的核心内容之一。在海尔企业内部传阅着两幅主题为"适者生存"的漫画。一幅是老鹰喂食的故事：老鹰是所有鸟类中最强壮的种族，根据动物学家所做的研究，这可能与老鹰的喂食习惯有关。老鹰一次生下四五个小鹰，由于它们的巢穴很高，所以猎捕回来的食物一次只能喂食一只小鹰，而老鹰的喂食方式并不是依照平等的原则，而是哪个小鹰抢得最凶就给谁吃，在此情况下，瘦弱的小鹰吃不到食物都死了，最凶狠的存活下来，代代相传，老鹰一族越来越强壮。另一幅是狮子与鹿对话的漫画，狮子说："我非常强壮，但如果我不奔跑捕食，明天就会和鹿一样软弱无力。"鹿则对狮子说："由于有了你，才使我的生命遇到了威胁，为了不让你追上我，我必须不停地奔跑。"

这两幅漫画告诫所有员工：当今社会是一个适者生存的社会，如果我们没有强烈的危机感和竞争意识，必将成为失败者。倘若一家企业无适当的竞争制度，常因小仁小义而耽误进化，在竞争的环境中遭到自然淘汰，不管是强者还是弱者，都要努力工作。

2. 多管齐下，员工激励组合化

激励要多管齐下，不能措施太单一，光用物质激励或非物质激励都达不到理想的效果，由马斯洛需求层次理论可以得知，员工的需求是多层次、多维度的，既有物质需求，又有精神需求，员工的价值观也是多元化的。同时企业的激励目的也存在多样性，激励的核心目的是激发员工采取积极的行动，实现企业所期望的行为和目标。

在员工激励上，应针对不同的人，采取不同的激励措施，形成多种激励组合，多管齐下，来满足员工"面子、票子、位子"等多方面的需求期望。比如，激发新员工的干劲可以采取赞扬法、小激励法；激发技能水平高、主动性稍差的老员工可采取尊重、信任授权、鞭策等方式；激励心态积极、希望向上晋升的员工，可以采用给予更高岗位锻炼、更有挑战性的工作机会的方式。

在国有体制内，在物质激励受限的情况下，大力开展非物质激励及荣誉体系建设显得至关重要。比如供电企业，有国家级、省级劳模评比，技术能手评比，优秀班组长评比等多种多样的荣誉奖励。

3.科学设计，增量式激励法

我们在上大学时去食堂吃饭，如果看见食堂阿姨给我们打菜时先打一大勺再慢慢抖掉一些，我们心里就很不舒服；如果食堂阿姨打菜时先打一勺再加几次小勺我们就会很开心。这其实是我们的心里在起作用，人们一旦得到一个东西再失去便会心里很不是滋味，这也是企业中员工工资与职位能升不能降的原因。

这种增量式激励法运用得非常好的案例是秦国商鞅策划的秦军激励制度。

商鞅变法规定：秦国的士兵只要斩获敌人"甲士"一个首级，就可获得一级爵位"公士"，田一顷和仆人一个；如果斩获敌军两个"甲士"首级，他做囚犯的父母就可以立即释放，如果他的妻子是奴隶便可以转为平民。杀敌军五个"甲士"首级，可拥有五户人的仆人。打一次胜仗，小官升一级，大官升三级。

看到这样的激励政策，秦兵必然产生强烈的立功想法，因为胜利不仅仅关乎国家的兴亡，更关乎自己的美好未来。

4.奖罚分明，奖罚激励荣辱化

万达的执行力在业界非常出名。万达实行军事化管理，所有考核量化，严格执行奖罚，工作实行模块化管理，每个人都特别紧张自己的工作，生怕误了节点，比计划晚一周亮黄灯，黄灯出现一周，工作量没有上去或者工作量没有达到，变成红灯，黄灯不扣分，红灯扣分。按照一、二、三级节点，扣多少分就扣多少钱。如果出现一个黄灯，工作量补上去，黄灯便消失，变成绿灯。但一年之内有三个黄灯出现等于一个红灯。这样每个人都知道下一步要干什么，一定不能耽误，耽误了，全系统都能看到，这样压力会很大。出现红灯是很大的事，如果你出现三次红灯，按制度就要换人。因此，在万达被罚是一件很没面子的事情，内部有一句话"在万达开会，没人敢睡觉，没人敢迟到"，不仅因为开会迟到、睡觉被罚得很重，而且搞得很没有面子。

因此说，企业激励要做到奖罚分明，有价值必奖，有错必罚，做到奖罚激励荣辱化，人活脸树活皮，有时面子激励比里子激励更有效。

5.阴阳互动，内驱动＋外驱动并行

一阴一阳谓之道，世界万事万物强调阴阳平衡，相辅相成。激励也是如此，激励可分为物质激励与精神激励，物质是外在的名与利，表象为机制；精神是内在的灵与魂，表象为文化。

　　从马斯洛需求理论来看，物质激励是员工基层的需求，是员工的外在动力系统；精神激励是员工高层次的需求，是员工的内在驱动力。人的一生一定是"物质需求 + 精神需求"的组合实现，才显得圆满，为什么有的人有了钱但并不快乐，因为快乐并不仅仅有钱就行。满足员工的物质需求就是给"票子""位子"，比如工资、奖金、职位升迁等；满足员工的精神需求就是给"面子"，比如年度优秀员工、十大明星员工、带薪休假奖励等。企业不能光让员工讲奉献，不强调付出后的回报，用道德来捆绑员工；也不能只强调金钱激励，导致员工"唯利是图"。

　　丹尼尔·平克在《驱动力》中，以长达 40 年有关激励的持续研究为基础，揭示出"胡萝卜 + 大棒"的外部激励措施，已不再是激励的最好方法。唯有唤起员工的内在驱动力，才能让企业事业线持续提升。打个比方说，外在激励是打鸡血，内在激励是喝十全大补汤，效果更持久，副作用少。

6. 少数原则，把握关键员工的激励

　　按照二八原则，企业中 20% 的员工创造了 80% 的业绩，关键岗位、关键员工创造的价值往往比普通员工创造的价值要多得多，所以对关键岗位或关键员工进行有效的激励比激励普通员工的效果更好；而且企业的资源是有限的，只有集中优势资源激励关键员工，才能让激励资源起到倍增器的作用。

　　部队中往往设置先锋队、独立团（如李云龙的独立团）之类的组织，他们的装备一定是最精良的，打完胜仗，他们的激励一定是最大的。华为的人才战略之一便是组建相对独立的战略突击队，让他们快速聚焦新业务，求快、求创新，而不是成熟业务的"稳"，战略突击队可以在规避风险的前提下，给他们充分的授权和独立自主的成长。

5.4.2　员工激励的方法选择

　　激励的方式各种各样，各有用途，我们要将物质激励与精神激励相结合，并要学会打组合拳，使多种激励手段组合起来才能发挥更好的激励效果。

　　具体来说，不同的激励手段创造不同的激励效果，适用于不同的激励场景与时机。

1. 愿景激励最给力

　　愿景是企业和员工共同的长期奋斗目标，往往一个清晰而激动人心的愿景，意味

着团队中的每个成员都清楚组织未来成长的样子，以及自己奋斗的价值和意义。比如，阿里巴巴的愿景是成长为一家持续发展102年的企业；华为的愿景是构建万物互联的智能世界；百度的愿景是成为最懂用户，并帮助人们成长的全球顶级高科技企业。愿景激励对于快速成长的中小企业来说尤为重要，企业发展初期的实力有限，但想象力巨大，如果企业提出的愿景既大胆又具备可实现性，对年轻员工的激励作用就会非常大。

2. 薪酬激励最实在

对于参加工作的人而言，工资是生活的主要来源，所以工资对大部分人的重要性不言而喻。作为企业方，如果想依靠员工使企业得到更好的发展，最基础和最重要的就是解决员工的薪酬问题，通过薪酬激励凝聚员工的心。薪酬一般又可分为两个部分：一是保障性薪酬，如工资、固定津贴、社会强制性福利及企业内部统一的福利项目等；二是激励性薪酬，如奖金和物质性奖励等。

3. 福利激励创惊喜

随着商业环境的日益复杂，劳动力市场的流动性日益加大，工作价值也慢慢向多元化发展，员工和企业对福利项目越来越看重，福利已然成为企业激励员工不可或缺的手段。福利的好坏成为应聘者选择企业的重要参考条件之一，作为企业方，进行有效的福利激励可以有效抓住员工或者应聘者的心，从而为企业留住或找到有用的人才。

企业为员工提供的福利项目包括：五险一金、旅游补助、带薪假期、商业保险、医疗方案、弹性福利、各类津贴、住房补贴、购物卡等。

4. 成长激励有盼头

对于大多数年轻的员工（尤其是知识型青年员工）来讲，成长空间比薪酬对他们更重要，用时下流行的一句话说："成长比一时的成功更重要"。成长包括能力提升、职业晋升，尤其是职业晋升意味着高工资，也意味着拥有更大的权力，作为员工，肯定是非常开心的，觉得工作的前景有盼头。

5. 成就激励树自信

成就感是能够看到自己工作的意义和价值，从而产生出一种内心的满足和愉悦。如果员工能看到自己在工作中的成就感，感受到工作的意义，那么他们的工作激情和效率就要高出很多。

让员工获得成就感的途径有：直接主管对员工工作业绩和能力成长的嘉奖和认可、有效授权、让员工参与重要会议、荣誉奖励等，通过让员工提升成就感而树立自信，提升工作的动力和责任心。

6. 情感激励可攻心

"人情味"是个人、团队或企业等生存延续的调味剂和催化剂，情感的力量可以攻心，以情动人的效果是人们难以预估和想象的，像老干妈、海底捞、胖东来的管理都透着人情味。比如海底捞的亲情式管理。海底捞的很多服务员都是经人介绍过来的老乡、亲戚、朋友，这种招聘方式简直匪夷所思；海底捞为员工租住的房子全部是正式住宅小区的两居室、三居室，且都会配有空调，还有专人负责保洁，公寓配置电脑和上网设施；每月给大堂经理、店长以上干部、优秀员工的父母寄几百元钱，相当于孝顺金。

7. 竞争激励树危机

有竞争才有压力，有压力才有动力，让员工之间存在竞争才能让员工有危机感，为了避免落后就会更加主动自觉地工作，因此，企业采取竞争激励为员工营造充满危机感的氛围，可有效促进员工自觉且积极地工作。竞争就像鲶鱼一样在搅动沙丁鱼生存环境的同时，激活了沙丁鱼的求生能力。企业中的老员工就像鱼箱中的沙丁鱼，在长期"安分"的状态下，将失去生命力与创新能力，而如果往企业里注入像鲶鱼一样的新鲜力量，就能起到有效的激励作用。

竞争激励的主要方式有：绩效考核、末位淘汰、内部 PK、PK 结果与薪酬挂钩等。

8. 负面激励约束强

激励不仅要有正向激励也需要有负向激励，但不能过度强调负向激励，许多企业员工抱怨"我们企业只有罚没有奖"，这样便显得不人性了。其实负向激励是企业通过制定底线标准、再配合未达标时的惩罚机制，激励员工努力工作免于受罚。人的天性是追求快乐、逃避痛苦，因此说，正向激励与负向激励的结合更能促进员工努力工作与主动担责。

9. 氛围激励不可少

氛围就是员工的工作环境，积极向上、轻松愉悦、沟通通畅的工作氛围有利于员工工作积极性与工作效率的提升，而充满压抑、消极的工作氛围将大大打消员工的工作积极性，降低工作效率。尤其是现在 90 后甚至 00 后员工大量进入工作岗位，他们更看重良好的工作氛围，他们更喜欢宽松、民主、活跃的团队氛围。因此说，良好的工作氛围打造是最廉价有效的激励方式。

5.5　精确设计：关注员工成长与企业发展

有效激励必须关注企业与员工的共同目标和共同利益，一方面通过有效激励，激发员工的主动性和创造性，从而有效助力组织目标的达成；另一方面要关注员工的成长，以及员工的成就感和幸福感。

5.5.1　关注企业发展：激励机制与措施齐保障

有效激励的出发点是激活人才，但这并不是激励的最终目的。有效员工激励的最终目的是：通过有效激活员工，提升员工的积极主动性与创造性，提升绩效，助力组织战略目标的落地实现。

1. 机制设计，让激励落到实处

机制设计是保障激励有效的重要手段，好的机制能让激励措施落地，激励效果显现。而不好的机制不仅起不到激励的作用，还浪费企业成本，让员工产生抱怨与抵触情绪。

（1）公平、公正，合理分配。

激励不等于绩效考核，其核心是资源与利益的合理分配。中国有句古话：不患寡而患不均。设计公平、公正、合理分配的激励机制是让激励有效并落到实处的重要保障。

（2）分层分类，区别对待。

激励不能搞成阳光普照式的福利，不要搞成"钱花了，事干了，却没有起到效果"，这样肯定是得不偿失。不同层级的员工对激励的期望是不一样的，比如基层员工看重现金这种既得利益，那就把现金激励下沉到基层；中高层可通过职权、情感、战略共振来实现有效的激励。通过分层分类，区别对待，将激励资源最大化利用。各层次激励可总结为：高层战略共振，打造命运共同体；中层情感链接，打造事业共同体；基层利益捆绑，打造利益共同体，如图 5-2 所示。

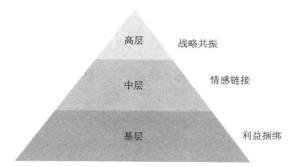

图5-2　组织中不同层次员工激励模型

（3）重点倾斜，激励及时。

做好有效激励的另一重要方式是：及时激励，重点倾斜。首先激励是有时效性的，实践证明：多次分阶段及时性的小激励效果远远比一次大的滞后性的激励效果要好。其次，激励要实现"干好干坏不一样，干多干少不一样"。打破吃大锅饭的考核与激励机制，可通过团队内二次绩效分配机制拉开员工间的工资差距，对绩效考核优秀的员工及时奖励，对关键岗位绩优员工给予重点关注。

（4）红线机制，令行禁止。

碰到红线之后，无论是什么岗位，无论是谁，都不应有特权，触碰红线就一定要受到处罚，保证公正性。做到有法可依，有法必依，执法必严，让激励机制与淘汰机制落到实处。

2. 措施选择，让激励效果显现

激励不仅是一门技术，更是一门艺术。采用灵活有效的激励措施是保障激励效果显现的关键。不同的企业发展阶段，不同激励群体宜采用不同的激励措施。

（1）围绕组织目标，选择有效的激励措施。

对于一个组织来说，完成既定的战略目标是核心使命，因此，有效激励机制的设计与激励措施的选择，应紧紧围绕组织目标的实现这一核心来做文章。其实，在组织中要真正实现员工的有效激活要从五个方面来考虑：绩效目标的牵引力、绩效考核的压力、绩效辅导的改善力、有效激励的促动力和组织文化的推动力，我们称之为：有效激活员工的五力模型，如图 5-3 所示。

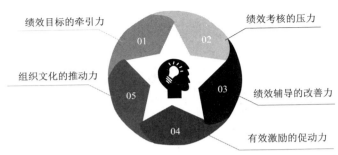

图5-3　有效激活员工的五力模型

（2）打破论资排辈，体现"奋斗者为纲"的奋斗原则。

许多企业由于历史遗留原因还保留着论资排辈机制，比如按工龄、员工以往业绩表现、学历和职称等进行论资排辈，让某些老员工躺在功劳簿上睡觉。一次在 HR 线下交流中，一位 HR 分享说他们企业的工龄工资上不封顶，导致有工作30 多年的老员工单工龄工资一个月就 3 000 多元。

企业的有效激励必须打破论资排辈激励措施，体现"多劳多得、少劳少得"的价值分配原则。海尔集团在用人方面提出了著名的"斜坡球理论"。海尔集团从斜坡上流动的小球这一极普通的生活现象中，悟出企业人才发展的规律——斜坡球发展理论。斜坡上的球体好比一个员工个体，球周围代表员工发展的舞台，斜坡代表着企业的发展规模和商业竞争程度。根据斜坡球发展理念，海尔的用人机制是"人人是人才，赛马不相马"，相马是将命运交给别人，而赛马则是将命运掌握在自己手中。具体来说，斜坡球理论表现在以下几个方面："三工"并存，动态转换。三工即优秀工人、合格工人、试用员工。海尔用工改革的思路是：干得好可以成为优秀工人，干得不好，可随时转为合格或试用人员，这种做法有效地解决了"铁饭碗"的难题，使企业不断激发出新的活力。

（3）短期激励措施与长期激励措施并行。

由于激励有一定的时效性，所以要想持续发挥激励的效果，必须短期激励措施与长期激励措施并行。

短期激励措施有：薪酬福利激励、竞争激励、负激励、领导肯定与表扬、制度约束等；长期激励有：愿景激励、目标激励、成长激励、股权激励等。

5.5.2　关注员工成长：塑造员工成就感与幸福感

员工进入职场归结起来有两大维度的目标：一是追求职业成功，一是追求职业幸福。职业成功代表员工的能力能满足组织需要，工作起来得心应手，并且员工在职场中得到了想要的工作岗位和职务；职业幸福代表员工在职场中获得幸福感与成就感。打造员工的职场幸福感不仅能提升员工的忠诚度，还是提升员工执行力的有效手段之一。但幸福感与成就感是一个相对的概念，跟员工的主观感受有着相当大的联系。

1. 员工激励与职业通道关联

除了薪酬激励外，最有效的激励手段之一便是职位晋升。但在企业中管理岗位只有那么多，不可能满足所有员工的期待，并且在管理实践中往往发现，有一部分技术型人员做专业技能型工作很厉害，但强行被晋升为管理岗位，结果可能出现"多出一个蹩脚的管理者，失去一位优秀的专家人才"的情况出现。因此，企业应建立多重赛道，打通员工的多通道职业生涯路径，让员工快速在不同的跑道奔跑，让员工自由选择适合自己发展的职业通道，将员工的成长与企业的成长相结合，这样才能达到"双赢"的局面。

同时，员工激励与职业通道相关联，不仅意味着员工晋升与薪酬待遇提升，更需要组织对员工进行赋能，帮助员工进入更高的岗位时快速适应。任职资格体系便是一套员工能力成长与发展体系，为员工能力的提升提供清晰的指引，不断牵引员工树立自我学习与发展的意识。对于员工来说，任职资格体系可以起到"尺子"和"镜子"的作用，"尺子"指的是建立员工能力评价的客观标准，解决人才评价论资排辈，以及凭感觉、拍脑袋的问题。"镜子"则可以让员工对照任职资格标准进行自检，激发员工主动性，主动寻找差距，进行自我改进和提高，促进职业的晋升和发展。

2. 塑造员工的成就感与幸福感

从马斯洛需求层次理论来看，成就感属于自我价值实现层面的需求，而幸福感是人生的追求目标，成就感其实也是幸福感的一种。要想提升员工的幸福感我们可以从五个方面入手。

第一，切中需求，富有竞争力的薪酬福利，是提升员工幸福感的源泉。设计对外具有竞争力、对内公平合理的薪酬管理体系，充分发挥薪酬的激励作用，是提升员工幸福感的关键。

第二，知人善用，精准人岗匹配带来的工作成就感。让员工做自己擅长、感兴趣的工作，帮助员工实现个人价值，并通过完成有挑战性的工作、承担更高层面的岗位责任，持续不断获得职业成就感。

第三，关注员工职业成长，系统的员工职业生涯规划与辅导成长。设计既满足企业发展又符合员工自身发展期望的职业生涯发展体系，并在员工职业成长过程中给予足够的成长磨炼机会、培训与指导，帮助员工更好地融入组织发展中。

第四，良好的工作氛围，正向、积极、轻松的企业文化。良好的企业文化和工作氛围，对于员工的工作态度、职业观念、行为管理会起到潜移默化的作用，让员工更加自主且快乐地工作，能够有效提升员工的幸福感和忠诚度。

第五，张弛有度，生活与工作兼顾平衡。如果员工能在工作之余还能兼顾家庭与生活，他便觉得很幸福；如果工作难度大，任务重，经常性加班加点，就会严重消耗员工的精力，他们便会觉得很累，从而降低员工的职业幸福感。因此，从员工的个人实际能力与工作岗位要求出发，综合考虑员工工作与生活的平衡，有利于帮助员工获得职业幸福感，提升稳定性和忠诚度。

3. 新生代员工的激励艺术

随着 90 后新生代员工不断走向职场，员工激励的手段也应随之发生相应的变化。有人认为，大多数 90 后员工在互联网里长大，他们崇尚自我，个性张扬，自我主观意识强，不喜欢规矩和约束……因此，传统的管理与激励方式可能对这群员工不太起作用，如何在工作中管理与激励他们，对所有企业和管理者提出了新的挑战。

首先，需要营造 90 后喜欢的工作氛围，包括宽松自由、充分信任、沟通畅通的环境；其次，设置游戏化的激励机制，让竞争 PK 趣味化，有挑战性；再次，通过辅导沟通、导师带徒、个别谈心等方式，加强对他们的成长关怀与工作帮扶。

第6章

人才辅导：管理者要善于做人才成长的教练

管理学大师彼得·德鲁克认为管理者的主要工作有两件：第一是达成组织业绩，第二是促进员工成长。因此，管理者对下属员工有着天然的教导职责。同时，新时代的管理者需要由以往的"管控式"管理向"教练式"赋能管理转变，通过辅导、授权、激励等方式陪伴员工成长，做好员工成长路上的教练。

6.1 管理者对人才成长的责任

只有员工不断成长才能更高效地完成既定目标。但在日常管理工作中，由于时间的关系与任务的紧迫性，管理者更加关注组织业绩的达成，而忽略员工与团队的成长，这样会造成团队的能力和效率呈现下降态势。

一个组织中很多工作都是由团队来完成的，如果一个管理者不具备培育下属的能力，那他创造的工作业绩是有限的；只有真正把下属培养出来，让每个人都能独当一面，团队才能发挥最大的力量和效能。因此说，管理者对下属的成长有着不可推卸的责任。

6.1.1 管理者对下属成长的三大责任

作为一名员工，需要对企业负责，对自己负责。而作为一名管理者，除了要对企业和自己负责外，还要向下负责，即要为团队的每一位员工负责。如何"向下负责"？很多管理者采取的方式是包揽下属的错误，然而这种做法看上去很感人，其实是最不负责任的行为。真正负责的管理者，应该思考的是，如何帮助员工改善行为，提升绩效。具体来说，除了帮助员工认识到错误并督促其改进外，更要对员工的成长担负起三大责任：为员工的绩效结果负责、为员工的成长负责、为员工的未来发展负责。

1. 为员工的绩效结果负责

绩效是对员工工作业绩完成的考核，也是员工价值的重要体现指标。作为团队管理者，你不仅要对自己的绩效负责，更要为团队每个人的绩效结果负责。

一般来说，员工绩效结果不佳的原因有三方面：一是因为员工本身的能力或者态度问题；二是因为管理者没有给予及时的帮助和资源支持；三是管理监督与激励机制不到位。

管理者对员工绩效的提升主要表现在：为员工提供及时的帮助与指导、加强对员工的监督管理。这主要体现在管理者对员工工作过程和具体行为的关注。例如：一线班组管理采取"早晚会：早计划、晚总结"，这就是对团队成员的工作过程和行为的关注，有利于及时发现和解决问题，帮助员工获得有效的绩效结果。

2. 为员工的成长负责

只有员工成长，团队和企业才能不断发展壮大，企业才能获得更多的效益。但员工的成长有时是被动的，在企业中主动去学习的员工相对来说还是较少的，管理者有必要采取一定的措施来促进员工的学习与成长，比如举办员工培训、集体研讨、团队头脑风暴、读书会等。同时，要建立员工成长的有效机制以促进员工的快速成长，比如学习积分制、培训考核合格后取得相应的资质或岗位晋升资格。

3. 为员工的未来发展负责

为员工的未来发展负责，即要求管理者帮助员工对其职业生涯规划进行指导，并帮助员工制订成长计划。制订计划后，还要多关注员工的工作，及时为员工提供帮助，以实现成长计划。同时，要给予员工更多的机会和期望，员工才会为团队贡献更多的价值。

优秀的管理者不会把员工当作完成任务的"工具"，而是把自己当作为员工做嫁衣的"裁缝"。他们会关注员工的需求，会为员工的业绩、成长和发展承担责任。对于他们而言，员工的价值就是团队的价值，团队的价值就是管理者的价值。因此，为团队的每一位员工负责，帮助他们实现自我价值是优秀管理者的首要责任。

6.1.2　培育下属的三大维度

从影响员工绩效的三维度来看：能力、态度和环境，能力是员工会不会干，态度是员工愿不愿意干，环境是允不允许员工干。因此，从提升员工绩效的角度出发，管理者对下属的培育要着重从三个维度来进行：一是提升下属的专业知识和业务技能；二是改善下属的职业态度；三是帮助下属寻找差距，提升绩效。业务技能的提升是解决员工的能力问题，职业态度的培养是解决员工的态度问题，而帮助员工寻找差距、提升绩效是辅导下属的重点。

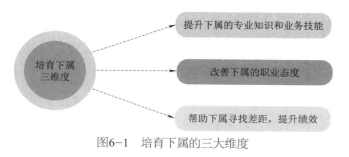

图6-1　培育下属的三大维度

1. 提升下属的专业知识和业务技能

专业知识和业务技能是员工体现岗位价值的根本，企业与管理者应为员工提供"立足岗位、学技术、钻业务"深厚的学习氛围，以员工的岗位胜任力为基础，通过各种教学方法，如导师带徒、集体学习、岗位练兵、技能比武等一系列方式促进员工的专业知识和业务技能提升。

提升下属的专业知识和业务技能是帮助下属提升业绩和达成团队目标的重要手段，也应成为管理者辅导下属的重点之一。

2. 改善下属的职业态度

员工的职业态度（职业精神）反映员工的工作状态，若一个员工的工作积极性不高，热情不高，则可判定为他的职业态度不佳。企业的根本目标是为了创造更多的效益，而人是创造效益的第一要素，激活员工才能让其产生更高的工作动力，创造更高的组织效益。

我们的企业如何提升下属的职业精神？可以从以下四个方面入手：

第一，加强下属职业精神的教育，包括职业文化教育、职业素养与职业技能教育。

第二，用制度规范下属的职业行为，让下属养成自觉的职业习惯，比如工作中部分员工的习惯性违章、不自觉的行为就可以依靠制度的约束来解决。

第三，塑造榜样，加强榜样的教育。在日常工作中为工匠型人才、敬业型员工的培养营造良好的工作环境和氛围，塑造敬业、忠诚、精益求精、勤奋的员工榜样。

第四，管理者以身作则，率先垂范。要求员工之前，管理者自己先做到，以自己忠于业务、踏实勤奋的工作态度去打动你的下属，并以承诺的方式明确期望。

曾经缔造两个世界 500 强企业的稻盛和夫 2010 年临危授命拯救即将破产的日航，稻盛和夫从未涉足航空业，却只在短短一年的时间就使日航重新实现盈利，并准备再度上市。

稻盛和夫进入日航后发现，日航衰败的主要原因是：日航人思想意识涣散，不统一；虽然日航的服务一直被外界称赞，但是已经表面化、程序化，属于"殷勤无礼"，员工各自为战，按自己的想法做事，形成不了合力；管理层官僚严重，缺乏危机感。

稻盛和夫用"敬天爱人理念""阿米巴经营机制"迅速使日航崛起，首先他向广大干部、员工宣传他的"敬天爱人"思想：倡导敬天爱人、热爱自己的工作和生活，宣示生命的意义在于克服困难，完善自我。结合日航实际情况，他要求大家投入热情去做事，发自内心为客户服务，而不仅仅是遵照工作守则。78 岁高龄的稻盛和夫以身作则，作为航空业的外行，不取一分报酬，没有私利，原来与日航没有任何瓜葛，成功了也没有报酬。他冒着"玷污晚节"的风险，不顾自己的健康，拼命工作，日航的员工们被感动了，他们认为自己不更加努力可不行！由于日航全体员工团结奋斗，不断改革进取，日航重建才成获得成功。

3. 帮助下属寻找差距，提升绩效

帮助下属寻找差距，提升绩效是下属培育的重要内容，主要通过绩效辅导的方式来进行。绩效考核的目的不是为了考核而考核，而是通过绩效帮助员工发现问题，找到差距，在此基础上提升能力、弥补差距，聚焦目标，提升绩效。

实质上，不断提升员工独立解决问题的能力是提升能力和绩效的关键，作为管理者要有效地把你成功解决问题的方法论、思维方式教给你的下属，授之以鱼不如授之以渔。检验一个人解决问题的能力，首先要善于发现问题，透过事物的表面看到本质，找准真正的问题；其次是分析问题，可通过有效的思维与工具模型去深入分析问题，如 5WHY 分析法[①]、鱼骨图、六顶思考帽、头脑风暴法等；最后是能有效找到解剖问题的对策，及时有效地解决问题。

6.1.3　辅导下属的六大步骤

管理者对员工的辅导应是随时、随地、随事、随人的，要及时观察员工的行为、发现差异、与员工沟通、说明重要性、提出改善意见、示范演练，要善于做员工成长的教练。

辅导下属我们可以按图 6-2 所示的六个步骤来进行：观察行为、发现差异、与员工对话、提出改善意见、示范演练与监督跟进。

图6-2　辅导下属的六大步骤

第一步观察行为。下属辅导一定要深入去观察其行为，就像运动员在训练时，教练一定会用心地去看，去观察运动员有没有按规定的动作去做，在此过程中他有哪些问题？深入一线去观察下属的日常行为是开展辅导的第一步，所谓没有调

---

① 5Why 分析法：又称"5 问法"，是指对一个问题连续多次追问为什么，直到找出问题的根本原因。

查就没有发言权。

第二步发现差异。管理者一定要有对差异的敏感性，要能及时发现差异。如果工作按照计划进行顺利的话，做管理者可以很悠闲，一旦出现问题，管理者就要紧张起来，快速找到问题所在，弄清是员工的问题还是工作流程的问题。找到原因后要深入去分析，为什么会出现这样的情况，怎样才能避免再次发生。如果是员工本身的问题，要及时帮助员工找到问题的症结，并辅导其改进。管理者如果不能及时看出下属的工作表现与绩效差异，就无法帮助其成长，也不可能促进其工作绩效的提升。

第三步与员工对话。出现差异后，管理者一定要与员工进行充分的沟通，了解事情的真相，了解员工的真实想法。不同的人因为站的角度不一样，对同一件事情的看法可能不一样，理解也不一样，行为自然会有所不同。经常会出现，同一个指令，不同的人去执行，会有不同的做法，自然结果也会不一样。之所以会出现这样的情况，在于发令者与执行者没有沟通到位，在认识上没有达成一致。与员工对话就是要解决这个问题，通过对话不仅可以达成共识，更体现了对员工的尊重与理解，减少员工的抵触情况，从而提升做事的主动性。同时，与员工对话的另一作用是向员工说明事情的重要性，提升员工对问题的认识。

第四步提出改善意见。作为管理者辅导下属，不能光靠训斥的管理方式来体现你的权威性，而应帮助员工找到问题的症结，并提出改善意见，既明确了你的要求，又让员工有了改进的方向。

第五步示范演练。榜样的力量是无穷的，如果你在提出改善意见后，能相应地做出示范，那么员工的印象会非常深刻，俗话说"言传不如身教"，就是这个道理。

第六步监督跟进。要想让辅导效果真正落地，监督跟进必不可少，这个过程既是监督的过程，又是给下属提供反馈，让其进一步优化与改善的过程。

6.2 从"要他学"变为"他要学"

作为管理者要善于做员工成长的教练，实现业绩达成与员工成长双目标。"教练"一词最早由英文 coach 翻译而来，它的原始意思是"四轮大马车"，马车是古代能快速将人们送到想去的地方的一种交通工具。后来 coach 的意义延伸为"训练、指导"，尤其是在体育领域广泛应用。

作为管理者，自然应成为员工成长的教练，要有效学习教练技术的相关知识。真正有责任心的管理者不仅要为团队业绩负责，更要为员工成长负责。通过担任下属的教练，不仅可以促进与下属的信任与伙伴关系，更可以聚焦工作目标，调动员工的正能量，充分发挥员工潜能，从而提升团队工作绩效。

教练的重要作用是赋能与激发，同步改善员工的技能与态度。一切的成长源于自我的改变，教练技术的本质是 3 个关键词：觉察、选择、改变，如图 6-3 所示。

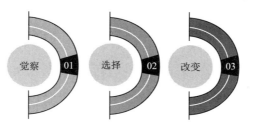

图6-3　关于管理教练本质的3个关键词

通过动力对话、启发员工的自我觉察；让其发现自己的盲点或更多的可能性，从而做出有效的选择，并且愿意为自己的选择承担责任；当员工做出正确的选择和付诸有效的努力之后，改变自然而然就发生了。因此说，教练通过赋能、激发与反馈的方式，让员工提升自我觉察能力，从而完成行为和问题的改善，达到"要他干"变"他要干"的效果。

1. 管理者做教练带给下属的改善价值

管理者通过运用有效的管理教练技术，可以给下属带来一系列的改善，如图 6-4 所示。

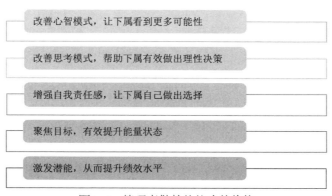

改善心智模式，让下属看到更多可能性

改善思考模式，帮助下属有效做出理性决策

增强自我责任感，让下属自己做出选择

聚焦目标，有效提升能量状态

激发潜能，从而提升绩效水平

图6-4　管理者做教练的改善价值

（1）改善心智模式，让下属看到更多可能性，从而做出正确选择，提供更多有效信息。

（2）改善思考模式，使决策时的思维更理性、更客观，从而有效做出理性决策。

（3）增强自我责任感。由于是员工自己做出的选择，自觉地愿意改变与行动，所以员工会对自己的选择承担更多的责任，由"要他干"变为"他要干"。

（4）聚焦目标，厘清现状，寻找更多的资源与可选择方案，想方设法解决过程中的各类问题，有效提升员工的能量状态和绩效。

（5）激发员工潜能，减少干扰，从而提升绩效水平。在《高绩效教练》一书中有一个公式：绩效 = 潜能 - 干扰，从这个公式可以看出，通过提升潜能、减少干扰可以促进员工绩效的提升。

2. 促进员工成长改变的有效策略

其实员工的改变是很难的，但从企业的运作需求来看，员工的改变是必需的。鸡蛋从外向内打破成为别人的食物，而由内向外地突破便是崭新的生命。管理者很难用强行的控制式、命令式让员工改变。通过教练的赋能，很好地实现员工由内而外的改变。

要实现员工的有效改变，最好是由内而外自发地进行，但要保障员工快速学习，管理者还需要运用一定的管理与教学策略来促进员工的成长。

根据现代教育学原理与我们多年的培训实践经验，促进现代员工加速成长的有效策略，应包括：因材施教、训战结合、建构主义、加强考核和团队学习五大基本策略，如图6-5所示。

图6-5　加速员工成长的五大策略

策略一：因材施教。因材施教是孔子提出的教学主张，是指针对不同人的志趣、能力等具体情况进行不同的教育。因材施教的典故出自《论语·先进篇》，原文翻译过来大概是这样一个故事。

一次，孔子讲完课回来，学生子路匆匆走过来问："先生，如果我听到一种正确的主张，可以立刻去做吗？"孔子说："怎么能听到就去做呢？还是问一下父兄吧！"

子路出去以后，另一个学生冉有也过来问孔子同样的问题，孔子马上回答道："对，应该马上去做。"

听到孔子的回答，他的另一个学生公西华感到很奇怪，就问孔子："先生，子路和冉有提出的问题是一样的，你怎么给出不一样的回答呢？"

孔子笑着说："每个人的性格是不一样的，教育方法也要不一样，冉有遇事容易犹豫不决，所以我鼓励他果断执行；而子路喜欢逞强好胜，所以我要劝他多听取别人的意见，这就是因材施教。"

策略二：训战结合。为什么很多企业反映企业的培训没有效果，其根本原因是没有"训战结合"，没有把真实的工作场景带入课堂，学完后学员又没有学以致用，导致教学与工作实际相脱离。其实，真正有效的培训与辅导原则应是训战结合，即围绕实际工作的场景，进行问题解决式的员工培养。

策略三：建构主义。建构主义强调学习者的主动性，认为学习是学习者基于原有知识经验生成意义、建构理解的过程。建构主义、行动学习是目前企业最受欢迎的教学方式，老师不应再用灌输方式给学员传授知识和技能，而是应帮助学员一同构建他自己的知识体系与应用体系。苏格拉底早就说过："教育不是灌输而是点燃火焰！"

策略四：加强考核。只有让学员的培训、学习与考核挂钩，他才会真正感受到成长的压力，让学员意识到学习不仅是自己的事，更是组织的事。如果一个组织的成员长期不注重学习，那么经过一定的时间，这家企业就有可能在市场中丧失竞争优势。

策略五：团队学习。俗话说，一个人学习可以走得很快，一群人学习才能走得更远。多年前，《第五项修炼》的作者彼得·圣吉提出了"学习型组织"的概念，组织的集体学习能有效加速员工的学习效果，而且是一种组织的传承，通过集体学习可以有效统一组织文化和员工的思想。

3. 教练的激发：员工成长的动力比成长本身更重要

在企业中往往看到这样的现象：很多企业都会给员工安排学习成长的机会，比如组织培训、团队学习、导师带徒、举办读书会等，但问题是大部分员工不爱学习，甚至出现抵触情绪。西方有一句谚语"你可以把马儿带到河边，但你却无法强迫它们喝水"讲的就是这种无奈的情形。而造成这种情形的根本原因是：没有激发出员工学习的动力与积极性。

因此，管理者、人力资源部激发员工学习的兴趣比员工成长本身更重要，兴趣是最好的老师，员工下定决心去做一件事情时，他自然会想到解决困难的办法。激发员工主动学习的主要手段有：说服、激发兴趣、目标倒逼、榜样带动和监督考核。

（1）说服。

尼采说：知道"为什么"的人几乎能够克服一切"如何做"的困难。也就是说，知道为什么比怎么做更重要。当员工知道他在做一件有意义的事情时，他会特别重视，便会自动自发。而影响员工对事情看法的是其价值观和独特的个性因素（兴趣、爱好、信仰），当员工的价值观与视角一变，他的行为自然跟着变。

比如我们经常看到一些职场女性，即使工作再忙再急，只要有接孩子的任务，也会提前下班去接孩子，一定会准时站在学校门口。当一位女性从职场身份转变为妈妈身份后，其行为完全是两种心态，她必须对自己的小孩负责。

身份一旦转变，员工的价值观才会发生转变，价值观会指挥员工挤出时间来锻炼自己的新能力，从这个角度来说，没有时间学习就是一种借口，只能说明员工对这件事不够重视。因此，管理者加强与员工的沟通，通过有效说服的手段来促使员工学习态度的转变，能量状态的调整，把学习当作一种工作任务。

（2）激发兴趣。

兴趣是最好的老师。员工对管理者要求而自己本身并不感兴趣的工作往往表现出敷衍的状态，而对自己感兴趣的事情却乐此不疲，并会全力以赴。管理者可通过一系列手段来提升员工对学习的兴趣，比如通过把学习任务设计成"打怪升级"、以赛促训、让学习成长与晋升挂钩等方式来激发员工的学习兴趣。

（3）目标倒逼。

紧紧围绕工作目标与员工的岗位胜任力来倒逼员工的学习成长。没有压力便没有动力，当员工感觉到自己在工作中完成任务有困难或岗位能力有差距时，他会主动地去寻找相关的资料、请求领导及同事的帮助与指导。

（4）榜样带动。

管理者应推动组织学习氛围的升级，众多实践证明：大多组织的学习是自上而下的，很少有组织的学习是自下而上的。在这个过程中，管理者的以身作则，榜样带动非常重要，以榜样的力量来带动员工的学习自觉性。

（5）加强监督考核。

管理者要善于利用心理学来促进员工主动学习，人们总是"趋利避害"的，员工不会主动做领导期望的事而只会做领导检查的事，因此说，加强对员工监督考核是提升员工主动学习的有力手段。

6.3　管理者的有效授权与员工成长

有效授权不仅是管理者带领团队完成业绩目标的重要手段，更是促进下属成长的有效方式。通过授权既减轻了管理者的工作压力，让其有时间聚焦重点工作；同时又促进了上下级之间的良性互动，促进了下属的能力提升。成功的管理者都是懂得善于授权的高手，而失败的管理者，大多都不懂授权的艺术，搞得自己天天像救火队长一样。

一般来说，作为管理者在授权方面的困惑主要有三点：一是不愿授权，怕下属抢了自己的功劳；二是不会授权，授权后容易导致工作失控；三是授权不当，不懂得授权中的用人与授权中的关键注意事项。

1. 掌握授权的三要素

首先我们要掌握授权的三要素：工作指派、权力授予和责任创造。工作指派，是指授权也算是工作任务下派的一种表现，不仅要交代清晰授权的工作内容，还要让下属明确自己所要求的工作成效；权力授予，是指工作下派的过程其实同时也是权力下放的过程，只是权力的授权力度范围不同而已；责任创造，是指权力与责任是对等的，下属在享受领导授予权力的同时，对工作的任务完成是有责任的，当一件事授权给下属时，下属不仅是帮管理者做事，而是在帮自己做事，因为他也有任务考核的压力。

2. 掌握授权的四原则

作为管理者如要有效授权，实现授权的目的，应当掌握以下四个原则，如图 6-6 所示。

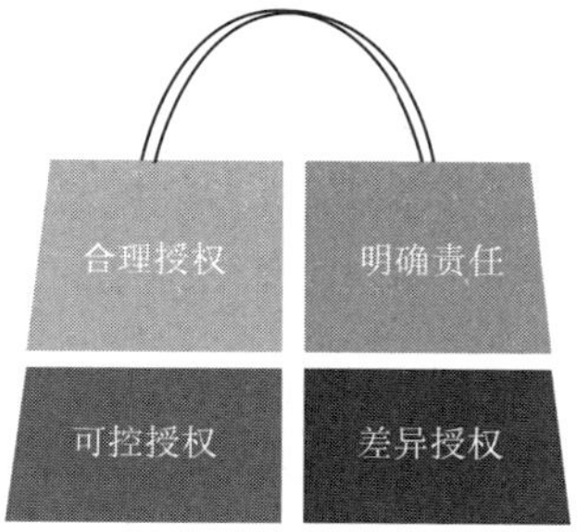

（1）合理授权。

这是指管理者授权的动机、程序、途径都必须是正当合理的，管理者授权的目的是出于工作

图6-6　有效授权四原则

的需要，是企业或组织战略的发展需要，而不是出于自己的主观随意性，更不是任人唯亲。并且授权的力度要适中，授权不能过宽或过窄，过度授权导致权力滥用而引发失控；授权过窄，可能无法激起员工的工作积极性。

（2）明确责任。

在管理者授权的时候，不仅要清晰授权的内容，更要明确被授权者的责任，应明晰工作检查与考核的标准，让下属从一开始就对下派的任务引起高度的重视。

（3）可控授权。

可控授权是指管理者授权时有些权力可授，有些权力不能授，比如决策权、人事权、监督权这三样权力是不能授权的。可控授权的原则使管理者不会因此而丧失领导权。

（4）差异授权。

差异授权是指管理者授权时要因事而异、因人而异，避免"大马拉小车"或"小马拉大车"。如果是"大马拉小车"，员工认为自己是大材小用；如果是"小马拉大车"却表现为员工能力不足，耽误工作的进度与质量。

同时，对于不同工作内容的授权应选择不同的授权对象，要依据员工的特性与能力范围来授权，比如一些有挑战性的工作可指派授权给那些有挑战性、有冲劲的人去做；而细致、严谨性的工作则可指派授权给团队中做事细致、精益求精的下属去做。

3. 有效授权的简单五步法

那么到底该怎样授权呢？其实授权的流程只需简单的五步即可，如图6-7所示。

图6-7　授权的五大步骤

第一步，任务分析。主要包括工作任务的难易程度、是否属于自己的授权范围及任务的基本情况分析，这一步是授权的基础。有些工作任务如果不属于自己的授权范围则不能授权，比如企业层面组织的部门例会，一般情况下你不能授权下属去参加。

第二步，确定授权对象。这一步是根据授权的四原则，分析这项工作可以授权给团队中哪一位下属去做，要综合考虑工作任务的难易程度、员工的能力及这项任务本应属于哪个岗位的职责，尽量不要越级、跨范围去授权，不要直接跳过你的直接下级去找下级的下级做事。

第三步，明确工作要求。把工作分配给下属时，要明确工作标准，提出任务要求，这样才能确保工作顺利完成。

第四步，过程监控。授权不等于弃权，加强过程监控是授权成功的重要环节，不能等到工作结果再来一次性算总账，这样有时可能导致满盘皆输。

当然工作的属性不一样，监控的方式也是不一样的。任务越重要，管理者对其进行的监控就应该越重视。常规性、可控制的任务，监控可以宽松些，非常规、变化大的任务，监控就要严格些。

第五步，任务评估。包括过程的评估和最后工作结果的评估，过程的评估在监控的过程中就可以完成，因此这里所说的任务评估多指最后结果的评估，评估后要根据结果及当初的约定及时实施奖罚。

柳宗元说："赏务速而后有劝，罚务速而后有惩"。取得成果并及时奖励，有利于激发被授权员工的工作积极性，同时对于被授权员工做得不好的行为有警醒作用。

6.4　基于导师制的人才培育模式

1. 师带徒机制的建设与落地

师带徒是一种古老的人才培养方式，在人类文明发展与经验传承中起着巨大的作用。以精工制造业享誉全球的瑞士，更是将"师带徒"做到极致。各行各业都有专业师傅培训学徒工，这些师傅必须持有联邦颁发的技能证书。学徒工必须进行为期 2~4 年的专业培训，学徒工经过考试合格后，便可领到联邦颁发的技能证书，成为正式的专业技术工人。瑞士产品大到机床，小到军刀、手表，无不以其精美的设计、实用的性能以及完美的质量吸引消费者，而这主要得益于瑞士传承至今的"师带徒"。

松下幸之助曾说过：企业即人！做企业就是做人，做好了人的工作，企业也就做好了，反之，无人企业则止。师带徒作为企业人才梯队建设的一种重要人才培养措施，既适用于一线操作人员的培养，也适用于各层级业务、技术和管理人才的培养。它的目的性强、针对性强、操作性强，只要把握好方向，就会取得明显效果，不仅能有效缩短员工达到胜任标准的时间，增强员工的归属感、稳定性，也有助于师徒双方产生相互影响、相互促进的作用，同时还影响和带动周围的人，形成良好的积极向上的企业氛围！

如今许多的企业在师带徒人才培育方面取得了非常好的成效，一方面有效传承了老师傅、技能专家们的优秀技能、经验；另一方面有效促进了徒弟级员工的技能水平，并有效促进了师徒之间的交流与互动，形成良好的学习文化与师徒关系。要开展师徒制人才培育模式，我们要做好如下相关工作，如图6-8所示。

图6-8　企业师徒制人才培育六步骤

第一步，完善管理机构与制度。以确保师带徒模式得到有效策划、实施和持续改进。

第二步，识别所需人才。依据企业发展状况、行业竞争态势、现有人才数量与技能状况等，判断人才现存缺口与潜在缺口，确定企业所需的人才数量与种类，然后厘清所需人才应该掌握的知识、技能和具体意识，以便提高后续培训的精准率和效率。

第三步，确定师徒人选。以内部有经验、优秀者为主担任师傅，实施师徒双向选择，应征得双方的同意，不宜强拉硬配，以确定合适的师徒人选，可以1名师傅带1名徒弟辅导，也可以1名师傅带2~3名徒弟进行辅导，最多不超过3名为宜；师傅应具备如下品质：品德过硬、专业对口、经验丰富、乐于传授等。对徒弟人选的选择应挑选品德过硬、专业对口、乐于实践，愿与企业共同成长的人员。

第四步，签订师徒协议书。师徒协议书可包括师徒姓名、部门/岗位、培育方向与目标、培育期限与培育成果等。如有可能，人力资源部可组织召开"拜师仪式"，充分体现对师傅的尊重，亦可显示对徒弟成长的重视。

第五步，有效培育实施与监督。这个阶段，师傅应紧扣师徒协议，并根据自己的技能特长与徒弟个性进行针对性辅导，因材施教。在这个过程中，人力资源部要加强对师徒制实施过程的监督，部分师傅可能有技能但传承与表达能力欠佳，还有部分师傅在带徒弟时表现出动力不足，认为带好了徒弟会饿死师傅。这时 HR 一方面要加强师傅关于传授技能的培训，比如组织开展《TTT 讲师培训技能》《萃取技巧》《高效表达技巧》相关课题的培训；另一方面要完善师傅带徒弟的激励措施，不能让师傅做免费劳动，要设置相关的辅导费用与奖励。

第六步，做好培育效果评价与激励措施。按时公布培育的评价结果，并根据制度兑现相应的激励，并且激励措施可适度倾斜于成果丰硕、徒弟超越师傅的培育结果，如此可催生一代比一代强的人才竞争环境，继而让优秀技能、经验得到有效传承并不断提升。

2. 传帮带：把员工培养成下一个你

传帮带、师徒制是古老的人才培育方式，也是非常有效的人才培育方式。作为管理者，要想把下属培养成你，让自己的工作变得轻松，你就必须做好"传帮带"。在"传帮带"中培养下属，复制自己，为的是让下属自觉地、自愿地、自发地用心把工作做好。比如海底捞，采取的是师徒制的"传帮带"，管理人员基本上都是从最基层提拔上来的，高级管理者曾经也刷过碗、端过菜、当过服务员、收银员、领班、店长。通过跟着"师父"学，不断成长，最后才成长为管理型人才。

这种"传帮带"不限于管理者对下属的"传帮带"，也可以是老员工对新员工的"传帮带"，以老带新。通过"传帮带"机制，可以有效传承团队优秀的文化，针对性地提升员工的业务能力和工作水平。传帮带的核心如图 6-9 所示。

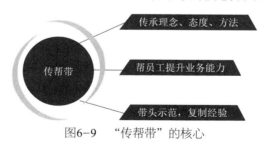

图6-9　"传帮带"的核心

3. 因人而异的培育辅导方式

为了有针对性地对员工进行培育辅导，激发员工的工作动力和热情，管理者可以按照"能力"和"意愿"两个维度，将员工划分为四种类型：第一种工作意愿强、能力强；第二种工作意愿强、能力弱；第三种工作意愿弱、能力强；第四种工作意愿弱、能力弱，如图 6-10 所示。

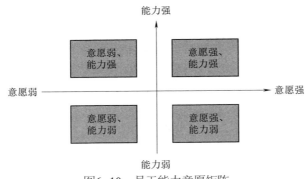

图6-10　员工能力意愿矩阵

（1）工作意愿强、能力强的员工。他们往往是企业的骨干或即将成为企业的骨干。这于这类员工，管理者不需要费太多的精力和时间，这类员工的工作与学习主动性相对比较好。对于这类员工要通过授权、让其接受有挑战的工作任务等方式来促进其能力的进一步提升，以创造更好的工作绩效。同时，这类员工由于发展已经到了一定阶段，这时候他们更关注未来的发展，如果管理者没有积极地考虑这一问题，也会导致他们的意愿降低。因此，管理者还要积极地考虑他们的未来发展问题，并为其制定职业发展规划，提供更多的学习机会。

（2）工作意愿强、能力弱的员工。这类员工大多为新员工，管理者要花费更多的时间和精力来指导他们、培养他们。这类员工能力不强，但是态度好，而态度很多时候往往能决定一切。针对这类员工，管理者可以通过岗位知识和技能培训来提升他们的能力，同时增强他们的动力和积极性。

（3）工作意愿弱、能力强的员工。这类员工他们的知识和技能已符合企业的要求，可能是员工对企业的文化、管理方式或者管理理念不认同，出现了态度方面的问题。对于这类员工管理者要单独跟他们进行深入沟通，及时了解他们的想法，并更多地理解与支持他们。

（4）工作意愿弱、能力弱的员工。对于这类员工，管理者要花费比其他员工双倍甚至多倍的时间和精力，才能使他们完成自己的任务，并且这类员工往往学习主动性差、工作态度差。对于这类员工，管理者可以跟他们进行深入交谈，如果确认他们的态度"顽固不化"，那么就要果断地放弃他们。管理者应把更多的时间和精力去培养意愿强、能力弱的员工身上，因为他们最有潜力成为团队骨干力量。

第**7**章
人才引爆：提升员工的绩效产出

如今，人力资源已成为企业发展的第一资源。同时，我们不仅要把人才当成人力资源来经营，更要把人才当成人力资本来经营，要有"人力资本增值优先于财务资本增值"的魄力与预见性。紧紧围绕人力资本的增值来做文章，聚焦员工的绩效产出，聚焦组织人效的提升。

7.1 组织人才经营的核心逻辑

7.1.1 企业的经营本质是人才的经营

当企业在面临困境甚至是陷入绝境时，通过选对、用对人才从而产生了改头换面甚至是翻天覆地的变化，类似这样的例子在过去几十年内比比皆是，很多耳熟能详的知名企业都有过这样的实践经历。面对 VUCA 时代的组织激活和人才经营，如何有效地对组织人才进行激活、激发，提升员工的主动性与创造性，让这个组织在变革时代应变而上，创新发展已经成为企业战略发展的核心要素。

1992 年，复星成为上海第一家民营高科技集团型企业，注册资金 10 万元、自有资金 3.8 万元，是一家不起眼的小型企业；如今，复星集团已经成长为以生物制药产业为主导、房地产业、信息产业协同发展的整合型多元化企业，致力于成为全球领先的专注于中国动力的投资集团。回顾所取得的成就，寻找成功的奥秘，与复星一同成长的副总裁梁信军一语中的："这是人才经营的阶段性成功。"

确定人才经营的主题。"追求个人成功与企业发展的高度和谐和统一"始终是复星人才经营的主题，也是复星能够迅速积累竞争优势，实现超常发展的关键所在。长期以来，复星着力于最大限度地将员工个人发展与企业发展高度关联，把企业进步与个人价值的提升高度融合，形成了"以发展吸引人，以事业凝聚人，以工作培养人，以业绩考核人"的人才观。企业在不断壮大的同时，努力为优秀人才提供发展的舞台，使员工个人的发展愿望融入企业整体发展的大局，员工在为企业辛勤工作中，自身也得到了持续的发展和提升。

重新定位人力资源部门。在复星的人才经营理念中，牢固树立起一个观念，那就是：人力资源管理部门是企业经营战略的合作伙伴，为其他部门提供战略上的支持和保证。复星的人力资源管理部门已经不再限于完成日常的招聘、培训、员工发展、薪金福利设计等任务，而是和其他业务部门一样，深入了解企业的业务状况，洞察企业发展的走向，研究、预测、分析制订计划，解决企业的根本问题。人力资源部门已成为复星人才经营的"策划师"，为企业组织维持生命力和竞争力提供有力的人力支持。

当今企业之间的竞争最终是人才的竞争，要想企业持续保持某一领域的领先，人才始终是不可或缺的核心要素。企业要想在竞争中赢得先机，就要紧紧抓住人才这条命脉。作为企业的管理者，在经营企业的过程中，不仅要关注产品、市场、技术，更要学会关注人的力量。毕竟产品是人做出来的，市场是人开发出来的，技术是人创造出来的，任何企业首先是生产人才，然后才是生产产品。

7.1.2　组织人才经营的逻辑与途径

企业在对待人才的问题上，不应该仅仅是管理人才、利用人才，而应该将人才作为企业的资本来经营。资本是可以升值的、运动的，资本通过不同的运动形式达到价值增值，实现利润的最大化。增值性是资本的本质属性，但是要让资本升值的前提是要对资本进行投入。对于人力资本经营而言，企业要在人才的使用上投入情感，投入资金，投入时间和精力，需要对人才投入该投入的一切。只有企业在经营人才的时候舍得投入，人才才会感激，才会为企业做出更大的回报乃至鞠躬尽瘁。

由此我们不难发现，人才经营的核心逻辑就是：组织在准确认知人力资源根本属性的基础上，通过对人才的投资实现其蕴含的人力资本增值与人力资本投资价值最大化。因而，组织人才经营路径是将人才经营的核心逻辑转化为实际行动的关键流程，主要体现为五个步骤，如图 7-1 所示。

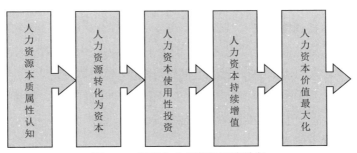

图7-1　组织人才经营的五步途径

1. 人力资源本质属性认知

首先需要明确，人力资源和人力资源管理是完全不同的两个概念。人力资源是指一定时期内组织中的人所拥有的能够被企业所用，且对价值创造起贡献作用的教育、能力、技能、经验、体力等的总称，并且人力资源如同自然资源一样，要经过开发才能成为有价值的资源要素。而人力资源管理则更多地把人当作资源来进行有效的管理，一般包括六大模块工作：人力资源的规划、招聘与配置、培训与开发、薪酬与激励、绩效管理与劳动关系。

2. 人力资源转化为资本

当人力资源被组织开发与使用之后，企业在相应的过程中获得经营利益。但企业开发了人力资源，并不意味着就拥有了人力资本。人力资源资本化是人力资源转化为人力资本，实现人才价值增值，进而创造新价值的过程。《华为基本法》中有一句非常有分量的话：我们强调，人力资本不断增值的目标优先于财务资本增值的目标。可见，华为对人力资本的重视程度。

3. 人力资本使用性投资

同时，人力资本具有不可让渡的根本属性，通俗地说组织只能在一定的时段内获取组织成员所蕴含的教育、能力、技能、经验、体力等资源要素的使用权，而无法获得产权。因此对人力资源进行开发和投资，使其转化为人力资本，其本质也是为了使用资本而不是拥有资本。即如同租客对房东的房屋进行装修投资，即为使用性投资，其目的是在居住或转租的过程中获得更好的价值回报。

人力资源通过投资（教育、培训、物质激励、情感融合等综合性投资手段），促进其完成人力资源资本化的转化之后，需要保持人力资本的不断运动。人力资本的运动主要体现为对人才的使用和流动两个方面。正确的使用和流动都是有效刺激人力资本以保持其有价性的控制手段。

4. 人力资本持续性增值

人力资本经济效益的持续提高直接取决于对人力资本的投资和人力资本的运作。组织需要对人力资本进行持续的经营运作和必要的再投资，反之则可能导致人力资本的价值流失。就如同对购进的生产设备没有进行有效的维护，不但不能持续输出生产价值，还有可能会导致机器损坏、固定资产流失一样。

5. 人力资本价值最大化

日新月异的科技革命推动工业经济向知识经济过渡，如今知识资本已经成为继财务资本和劳动资本之后，推动企业不断发展的"第三核心资源"。人力资本作为知识资本的核心价值承载，需要想方设法地将其价值最大化。组织人才经营应该根据外部市场环境和企业自身发展阶段的不同，调整在人力资本各构成要素上的投入比例，使各要素创造的边际知识资产价值相等，从而实现人力资本的价值最大化。

7.2　从人才管理模式到人才经营模式的转变

7.2.1　从人力资源管理到人力资本驱动

对于资源而言，不论自然资源或社会资源，其本身是静止的、潜在的，是不能创造价值的；而资本是现实的、活跃的。按照马克思在《资本论》中关于资本的论述，资源只有在生产、流通和交换中才能转化为资本。也就是说，资源只有通过市场运作才能成为资本，资本的流动、重组才能不断地创造出新的价值，释放出发展经济的巨大能量。

人力资源管理概念的出现，很大程度上源于在工业革命之后，机器成为最重要的生产资源，人力对于生产效率的影响大大弱于机械设备退居第二位之后。但生产工人人力效能的发挥，依然会影响生产设备的效能，因此企业开始对人工生产效能进行管理，人力资源管理概念逐渐形成。

经济发展需要多种要素驱动，生产要素是其中重要的一类，包括劳动力要素、资本要素和资源要素等。从经济学角度来说，劳动力指的是适龄范围内具有劳动能力的人口，因此劳动力要素和人直接相关。除去劳动力要素，生产要素中的资本要素和人同样关系密切。事实上，资本要素可以进一步分为物质资本和人力资本两种。物质资本是指长期存在的生产物资形式，如机器、厂房、仓库、交通运输设施等，而人力资本则主要是指劳动者的知识和技能，一般通过教育、培训、实践经验、保健等方面的投资而获得。虽然，人力资本明显包含了人的因素，但却又同劳动力要素有着不同的含义。不同经济时代的发展驱动各有不同，如图7-2所示。

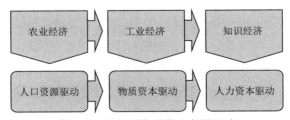

图7-2　不同经济时代的发展驱动

随着知识经济时代到来，人的创造性价值已经超越了生产物资，人力资本驱动时代真正到来。在人力资本时代，企业必须面对一个最基本的规律，即人力资本是不可让渡资源，也就是说企业是购买不到人力资本的。人力资本和组织成员个体是天然绑定，而且不可切割。组织成员所蕴含的思想、智慧和才能，企业只能租用，而不可能像其他物质资源一样通过购买获得。企业发展从人力资源时代进入到人力资本时代，人力资源管理的概念必然被打破。

7.2.2　人力资源管理模式转变的四个阶段

跟随工业经济时代发展起来的人力资源管理到现在进入知识经济时代，已经经历了大约 100 年左右的时间。在我国，企业组织对人力资源管理的认知是从 80 年代初期逐步引入外资企业后开始慢慢接触，90 年代中后期进入快速发展。我国人力资源管理模式的发展基本可划分为四个阶段，如表 7-1 所示。

表 7-1　我国人力资源管理模式发展的四个阶段

阶　　段	特　　点
人力资源管理 1.0 阶段	人事管理阶段，主要停留在档案管理、劳动合同与保险办理、工资发放等日常工作处理中
人力资源管理 2.0 阶段	人力开发阶段，重点在于人力资源六大模块的职能管理与系统思考
人力资源管理 3.0 阶段	业务伙伴阶段，主要工具为"HR 三支柱"，即强调 HRBP[1]的业务支持、HRCOE[2]用于战略与执行，HRSSC[3]用于共享服务
人力资源管理 4.0 阶段	人才驱动阶段，强调人才战略统领企业发展，落实"人才驱动业务成长"流程（包含基于大数据的人才生态建设、合伙人机制的搭建、人才教练与服务机制）、人力资源管理智能化与内部市场化

人力资源管理从 1.0 到 4.0 的演进，也是人力资源工作不断进化、业务结合更紧密、寻求更多主动性、创造更多价值的过程。但对企业而言，需要根据实际情况因地制宜，选择合适的阶段指导人力资源工作，不要盲目搞人力资源管理"高消费"。

例如，3.0 阶段更适合业务规模大、业务结构多元、管理层级多、内部业务协同要求高、内部管理相对成熟的企业。4.0 阶段则适合业务对特定人才依赖更强、具备更加扁平化和更开放的组织平台及相应的企业文化、对快速反应要求更高、

---

① HRBP：Human Resource Business Partner，称为人力资源业务合作伙伴。

② HRCOE：Human Resource Center of Excellence or Center of Expertise，称为人力资源专家中心。

③ HRSSC：Human Resource Shared Service Center，称为人力资源共享服务中心。

具备互联网特征、能够划小业务单元的新兴企业。

7.3 主题学习：基于员工绩效产出的主题式学习

主题式学习（Theme Based Learning）是指受训者围绕一个或多个经过结构化的主题（Theme）进行学习的一种学习方式。主题式学习相对以往传统的职工技能培训，具有一些不同的特点。在这种学习方式中，"主题"成为学习的核心，而围绕该主题的结构化内容成了学习的主要对象。有一个主题相对集中、独立的主题，学习内容是经过结构化处理的，教师是主题内容的组织者，学生是主题的主动学习者，以自主探究学习和协作探究学习为主，是一种过程性的学习。

企业的培训组织者引导员工将自己的绩效产出作为主题式学习的主题，并围绕提高绩效产出这个主题进行学习内容的结构化设计，帮助学员自主探索本职岗位的绩效提升措施，提交学习的主题作业，将成为未来企业组织内部培训系统的发展方向。

7.3.1 主题式学习激发员工绩效产出

主题式学习即通过背景导入、主题研讨、现场实践、专题汇报等形式完成的行动学习方式，以理论学习与实践作业两种形式展开，在国内大量企业中应用得非常广泛。行动学习是指一种特定的基于工作场所的专业发展模式，是由雷格·瑞文斯首创，大约从 1945 年起在英国的产业领域开始广泛运用，随后传播到欧洲大陆以及世界上其他地区。简单地说，行动学习是一个持续的、高度集中的小组学习过程，在小组学习的过程中，小组成员依靠相互帮助解决当前面临的实际问题，同时从中获得学习成长。

学习的主要来源，是学习者试图解决生活和工作中遇到的实际问题的持续的行动，以及对这些行动所进行的反思。概括地说，行动学习是一个反复进行的、体验的过程，在这一循环的过程中，体现了实践性知识的社会化共享、外化及转化为新的实践性知识的过程。行动学习的循环包括：行动—反思—改进的计划—新的行动。

根据美国学者埃德加·戴尔在 1946 年提出的"学习金字塔"理论，学习效果在 30% 以下的几种传统方式，都是个人学习或被动学习；而学习效果在 50% 以上的，都是团队学习、主动学习和参与式学习，其中学习效率最高的是"教别人"或者"马上应用"，可以吸收 90% 的学习内容。该理论模型如图 7-3 所示。

图7-3 学习金字塔模型

通过将员工参与绩效设计和"学习金字塔"理论相结合不难发现，让员工为了参与绩效体系的设计，从而进行所在工作岗位上绩效创造的主题式学习，并将学习结果在绩效执行过程中进行应用，辅导自己与他人的绩效提升，可以充分发掘并激活组织成员的绩效潜力，变被动绩效管理为主动绩效创造，大大激发组织成员的绩效产出。

7.3.2 基于员工绩效产出的主题式学习项目设计

基于绩效产出的主题式学习就是让培训聚焦员工的绩效提升，以常规的"背景导入、主题研讨、现场实践、专题汇报"等形式为基础的行动学习方式。关于此类学习项目的设计，我们可以从以下方面入手。

一是前期调研，充分了解员工或团队绩效差距的原因，找到问题点与改善点，寻找通过哪些课题可以帮助员工或团队来提升能力，从而提升绩效。

二是课题设计要小而精，一般一个主题解决一个具体问题，而不是针对大而全的企业级战略问题、大型变革问题，可以称之为"小微主题式的行动学习"。这样的操作容易落地、见效快，而且由提出主题的业务线管理者和企业培训管理者联动就可以操作，主要的人员、项目都从所在的业务区域"就地取材"。

三是学习项目时间的设计宜安排在 7 ~ 15 天左右，这样的安排既能让学习项目有充分的时间来研讨、反思与实践，又不至于时间拖得太久而耽误大家的工作。

四是学习项目的验收与评审。主题式学习项目的一个重要优点是聚焦问题、产出成果；待一定的学习项目周期结束，企业要安排专家团队对项目进行评审，评审团队成员大多来自业务或生产一线的专家，确保学习项目成果的真实性和有效性。

我们以表 7-2 来说明主题式学习项目设计的操作过程。

表 7-2　××公司基于员工绩效产出的主题式学习操作流程

工作节点	实施时间	工作安排	产出成果	备注
1. 项目准备	×月1日~7日	项目调研、主题确定	通过调研确定学习主题	—
2. 项目启动、报到	×月15日	团队学员抵达各自实战项目报到	—	—
3. 沟通对接会	×月15日	项目第一负责人、培训管理者与学习小组对接任务安排，学员根据关键任务拟定工作安排和计划，并与导师确认	工作计划表、学习进度表	学员在项目的食宿，费用由各单位按照学员数分摊
4. 项目学习	×月15日~22日	学员按照工作计划进行项目工作实践、研讨与学习	阶段性成果汇报PPT	—
5. 阶段汇报	×月23日	根据产出结果进行阶段性汇报	阶段汇报	参照附件表格
6. 学习反馈	关键任务期间每晚8点	每位学员汇报学习经历、总结、收获和启发	实战交流、案例分享	于班级微信群进行，纳入学员学习积分管理
7. 结业答辩	×月24日上午	各学习团队按照级别进行结业答辩，由培训中心汇总交评审团评估和评分	学员学习成果、结业证书	需提交答辩PPT和论文，答辩时间25分钟/组

7.4　战训结合：基于业务管理实践的行动式学习

7.4.1　以行促知，将行动学习聚焦经营实践

行动学习的宗旨在于解决实际的问题，将学习贯穿于解决实际问题的过程中。在实施问题解决方案的过程中，通过大量的行动实践，分析与解决问题，从而达

到认知的状态，即所谓"以行促知，致知于行"。行动学习是一个探究的过程，开始的时候不知道"下一步做什么"，而且也没有现成的答案。过去的经验无法提供现成的答案，而从事同一职业的共同学习者，可能会遇到同一类问题，这样他们合作探究，解决问题的成功率就会高很多。

行动学习体现了关于学习的深刻变化：从依赖于现成的经验，改变为依赖于学习伙伴；从满足于稳定的知识积累，到真诚地袒露疑问和承认无知。行动学习可以用一个公式来表示：Action Learning=P+Q+R+I，即行动学习 = 专业化知识 + 有见地的问题 + 质疑与反思 + 实施行动，如图 7-4 所示。这一过程将通过行动解决问题，与个人的反思及集体的反思结合起来。

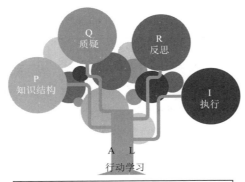

图7-4　行动学习理论构成

行动学习经过全世界范围的多年传播，企业组织的大多数培训管理者对行动学习并不陌生。在国内，华润集团是较早在内部推广行动学习的企业，行动学习甚至融入了华润集团的血液里。随着行动学习在企业战略、变革推动中显现出成效，国内大量企业纷纷效仿，倡导以行动学习来解决企业战略及业务中的重点、难点问题。

华润电力：将行动学习聚焦具体业务

2007 年至 2008 年,国内煤价上涨严重。电力行业 72% 的成本来源于原材料煤，煤价的上涨，对当时国内所有的电力企业都是一个巨大的挑战。

通过访谈，催化师和企业高层共同决定以控制原材料成本作为项目的课题，分了 6 个小组、6 个课题，从单价控制和发电煤耗这两个纬度来研究，设计了三个阶段的模式来操作。2008 年 5 月启动，由催化师来导入方法论，企业的培训经理负责组织和策划小组的讨论活动。同年 8 月 8 日做中期反思，讨论课题得出的解决思路到底能不能真的解决成本控制问题，这个思路有什么优势和不足。最后在年底，这个项目得以正式实施。

接下来的一年，这个项目的实施帮助企业节约了 1.15 亿元的直接成本。当年整个华润电力受行业整体影响利润下滑了 40% 多，但该企业的利润是 2 亿多元，与前一年相比只是略微下滑，保持住了整体业绩，在华润集团内部取得了较高的排名。

不同企业在应用行动学习时，实施方式、方法会有一些不同的变化，有的侧重于学员群策群力、提升思维能力和方法；有的侧重于现场实践、关注问题解决的可行性；还有的直接用引导技巧作为内部会议、授课的重要工具。行动学习精髓在于精心设计的学习过程，小组成员对已有知识和经验的相互质疑，以及基于行动的深刻反思。

7.4.2　战训结合，将业务管理融入行动学习

人才培养，可以说是古往今来任何组织都面临的重要命题，对于以追求利益最大化为目标的企业而言，就更是重中之重，它不仅体现着企业对人才的重视程度，也是为企业的后续发展提供持久动力。从人才培训到战训结合，正是体现着人才工作思路的变化。起源于军事领域的战训结合人员培养训练方式，已经广泛运用于企业组织人才培训当中。

战训结合是被华为等优秀的企业大学率先推广的一种培训方式。所谓"战训结合"就是以学员为中心，以实践为根基，聚焦业务发展，开展培训。在培训过程中，坚持训练和实战融为一体。战训结合不追求标准大纲式的完整训练，而是紧跟战略和业务发展，一边实战一边赋能。

华为大学的培训原则就是训战结合，即围绕实际工作的场景，进行问题解决式的培训。例如，新市场拓展的成功要素是什么？哪些是导致失败的主要原因？为了解决这些关键问题，需要我们具备哪些关键能力？我们如何才能有效提升这些关键能力？

所以，学员在培训的时候，不像在普通学校里面老师讲、学生听，或者讲一些与业务场景不相关的哈佛案例等，而是把华为战场上遇到的实际问题搬到课堂上来，采取体验式教学。比如，在项目管理方面需要提升的员工，除了进行 PMP（项目管理专业人士资格认证）等专业知识培训之外，还会直接由重大项目部指派导师进行授课，所有课程的设计开发也都必须理论联系实际。学习的过程中，导师会让学员进入实战模拟操作，针对可能要参与的真实项目提出自己的见解和解决问题的思路。导师会对学员的问题进行点评和总结。培训的目的只有一个，就是让学员学习之后，能够在战场上取得预期的战果。

战训结合型的行动学习强调学习主题必须与企业组织的实际业务管理有机融合，因此学习主题的设计是做好战训结合培训项目的第一道环节也是首要环节，对整个培训项目提供框架性指导。

1. 坚持问题导向

战训结合的专题培训在选题上要紧紧围绕企业的发展战略，要以企业的发展战略为导向开展培训。在选题上，要针对业务发展中的"痛点""重点"和"难点"问题进行诊断，建立统一规划。战训结合坚持"从实践中来"，所选的问题都是在实践中真实发生的问题，它区别于单纯的理论讲授，更加注重在现实问题解决中推动业务、提升能力。在战训结合模式下强调实际业务管理者的参与，他们对课题、评审、落地等环节起到至关重要的作用。战训结合型的行动学习需要业务管理者提供运营实践型的项目，比如《××区域电力营销竞争策略》《××产品在能源清洁化转型中的运用》《××电力物联网建设带来的市场机遇》等，要求课题真实可行。

2. 坚持以学员为中心

战训结合的学习项目参与主体是学员，要坚持以学员为中心，设计和运营的关键是让学员参与和促进学习转化。在培训项目设计上，要保证广泛参与。主办部门要充分征求学员、学员所在企业派出部门、培训承办机构的意见和建议。培训工作在经历一个从追求数量增长到深挖质量提升的阶段后要更加体现出分层分类培训的思想，针对不同的受训主体设计个性化、差异化的培训项目。在培训项目设计上，要综合考虑学员的地域、岗位、职级、专长、业务需要，设计差异化的培训项目。

3. 从培训前端入手深挖培训项目需求

只有挖掘出真实的学习需求，开展学习项目才有意义，否则就是浪费时间。首先应当明确是由谁提出培训项目的需求，培训项目需求不是单纯的主办者导向或是学员作为消费者的用户导向，单一主体的需求设计都不能实现需求科学合理的定位。在训战结合的学习项目设计上，主办者需要在培训项目中贯彻战略意图，学员基于业务实践知道自己需要补充什么，实施机构根据常年培训经验明晰各种培训内容、培训手段的预期效果。所以，在项目设计环节培训需求的挖掘上，有必要建立主办者、实施者、学员之间三方互相沟通的渠道，从多主体的层面进行需求的优化整合。

4. 团队化课程开发与设计

课程开发与设计是培训项目设计的重要环节，战训结合模式下，必须从课程开发端就引入实战，促成培训成果转化。要本着优势互补的原则，实现课程开发团队人员构成的多样化。

课程开发团队组成一般应包含三类人员：一是教育专业人员，具有教育学、心理学、课程设计等方面的理论知识，提供方法论引导；二是有长期培训经验的培训师，擅长认知设计与教学体验，负责设计培训课堂；三是一线的业务骨干，有着专业的业务知识，负责使培训项目更加贴近业务、贴近实战。

7.5　经验萃取：寻找捷径，用成功复制成功

华为任正非说"组织经验的浪费是最大的浪费"，组织经验是组织发展的宝贵财富。

谷歌首席人才官拉斯洛·博克在《重新定义团队》一书中写道："我可以告诉你到哪里去找最好的老师。他们就坐在你的身旁。"其实，掌握知识经验的专家多数在企业内部，我们需要这些专家、骨干把"干货"倒出来。员工在工作中积累的经验没有进行有效的总结和梳理，而让后来的员工从头开始尝试并慢慢积累经验，这是企业最大的浪费，越来越多的企业意识到组织经验积累对组织能力建设的重要性，因此开始尝试开展组织经验萃取工作。

"萃取"一词来源于化学，是一种提纯技术，后来指对经验的提取。所谓经验萃取，是通过一系列有效的方法，对某人或某个团队在特定情境中的表现进行分析和总结，通过解构和重构，得出一套易学、易记、易模仿和掌握、易操作的标准化模式，以达到对表现的有效复制、反省和传承。

如今，"经验萃取"成为组织经验、优秀技能得以传承的重要方法，能有效为团队沉淀解决问题的方法以应对类似问题；能有效降低企业成本；快速提升员工绩效，从而带动组织绩效的提升。

7.5.1 组织经验萃取的有效步骤

对于企业来讲，最大的浪费是经验的浪费。绩优员工离职之后，他所有的经验、技术、方法就都带走了，其他员工遇到不能解决的同样问题之后又束手无策，后面进来的新员工要从头开始。经验萃取是企业和个人学习发展的重要途径，不仅针对某部分人群，而是要人人都能经验萃取，联动智慧，形成企业共享氛围，从而促进人才发展。组织经验的萃取一般可包括五个步骤，分别是：第一步聚焦问题，第二步激活旧知，第三步论证新知，第四步应用新知，第五步融会贯通，如图 7-5 所示。

图7-5 组织经验萃取的五步骤

第一步：聚焦问题

找到对的问题比解决问题更重要，两个点很重要：一是找到真专家，二是找到痛点场景。组织经验萃取的有效性一定是通过真专家和实干家发散出去的，所以需要寻找内部的真专家，无论是管理还是专业上的专家，经验好、思维强的人才会带来更大的有效输出。同时，任何脱离场景的经验萃取都是空中楼阁，因此，需要在纷繁复杂的业务场景中识别组织痛点，形成对组织问题的精准聚焦。

第二步：激活旧知

激活旧知是需要通过不断"激发动机"去实现。带着业务场景中的问题找到内部经验丰富的专家，让他的想法充分表达，最好不要打断，可以从他的表达逻辑和思维线路中理解专家的思维过程，这代表的是组织的典型思维路径，所以不要做过多的干预，才能暴露组织通常的思维习惯。通过专家经验的不断输出，可以形成一定的框架，比如是按照分层结构、循环结构、价值结构等方式做框架。通过这样的梳理，旧知激活的层次感会更强。

第三步：论证新知

从思维的全生命周期来看，过去思维代表的是个体经验，不一定具备对未来问题的适应力。专家在对自己做场景还原以激活旧知上不存在障碍，但是具备底层和长线思维更能体现组织经验萃取的价值。因为管理面对的问题都是有很多背景条件的，所以需要进一步从经验升级到一般性的方法论，以论证经验的普适性，并且对未来的判断力更能体现价值。这就需要发挥新旧知识"协同合作"的效应。

第四步：应用新知

应用新知其实是对专家经验的普适性及灵活性的进一步校验。通过加入学员，形成三方会谈，把知识迁移、形成一套解决思路的过程展现出来，这是通常容易被忽略的萃取点。在经验迁移中实现经验萃取，其实是检验萃取有效性最好的方式，同时是检验学员学习经验和思维模式的过程。

第五步：融会贯通

前面四个步骤实际上是具体管理痛点的，而融会贯通是联通若干个管理痛点以形成管理理论的一步。先要澄清管理痛点之间的逻辑关系，再把每一块经过论证和应用的新知串接起来，就会萃取出高纬度、高精度的管理智慧。这样整个下来就会对管理痛点形成有层次的经验萃取。融会贯通这一步还需要做的一个工作就是运用一些组织共创的方式做介入，这样就从知识、经验的分享变成学员内化后的行动。

7.5.2　萃取师的四大能力修炼

虽然组织经验萃取可以按简单的五个步骤来实施，但必须依靠组织中的萃取师和人力资源部来共同推进，其中萃取师的作用至关重要，萃取师可以是企业的内训师、管理者、人力资源工作者等，作为萃取师必须修炼四大核心能力，如图7-6所示。

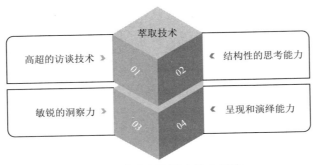

图7-6　萃取师的四大能力修炼

1. 高超的访谈技术

大部分萃取项目的失败，都是访谈的失败，因为没有获得有价值的内容，其他一切都是没用的。在访谈过程中，如果问题锚定出现偏差，那么萃取出来的内容就是"隔靴搔痒"，起不到好的效果，因此，在访谈过程中，好的访谈对话是萃取到有价值内容的关键。这就要求萃取师聚焦萃取主题，了解业务，事先设计好有价值的访谈话题及访谈框架，以保证访谈过程高效、有价值。

优秀的萃取人员，应该首先练就高超的访谈技术，因为它是知识萃取的"抓手"。

2. 结构性的思考能力

访谈出来的知识和经验往往是碎片化、不成体系和相互交叉的，如果不进行结构性的归类和总结，摒弃无效的信息，提炼有用的知识，我们就会掉进纷繁复杂的信息海洋里。对于萃取师来说，必须具备结构性的思考能力，能够从纷繁的乱象当中抽丝剥茧，得出有用的、可复制的内容。

3. 敏锐的洞察力

除了结构性的归类和总结，作为萃取师还需要具备敏锐的洞察力。有些有经验的专家往往会做不会说，这就要求萃取师能够去深入观察这些专家的行为与特征，发现他们身上的亮点与不同点，从而总结出经验特征和规律。同时，只有具备敏锐的洞察力，才能洞察到现象背后的本质，抓住关键点。

4. 呈现与演绎能力

优秀的萃取师还应具备将知识进行结构化呈现和演绎的能力。当经验萃取后的知识点（案例）整理出来之后，要进行结构化呈现，以方便传播。结构化呈现的方式包括：口诀式、案例式、流程式、矩阵式、层级式、数字式、图表式等。这样可以大大降低知识传递的成本，提升知识传播和落地的效率。

7.6　聚焦人效：从员工岗位胜任到人效突破

20 世纪 70 年代初，美国著名心理学家大卫·C·麦克利兰（David C.McClelland）提出胜任力的概念，并随即风靡美、英、加等国家，成为 20 世纪 80 年代的前沿管理理念。胜任力以其对人力资源管理的重大贡献，获得了众多人力资源管理研究者和企业的关注。提升员工的岗位胜任力是实现员工岗位价值最大化的基础。

从人力的潜在价值分析，人的效率是既可以能够被发挥出来，也可能被压抑的。"人效"是用来衡量企业人力资源价值，形成一种计量现有人力资源获利能力的指标。这种指标就是人均产出或者人均劳动效率，大多用人均销售额或者人均创利、人均毛利来表示。从实际情况来看，企业组织如何保持组织成员的持续高人效输出，相对于测评组织成员是否具有岗位胜任力显得更加重要。

7.6.1　提升员工岗位胜任力的有效方法

胜任力是指能将某一工作中表现优异者与表现平平者区分开来的、个人的、潜在的、深层次特征，包括动机、特质、自我概念（包括自我形象、态度或价值观）、知识和技能，是指能够区分在特定的工作岗位和组织环境中绩效水平的个人特征。

一般来说，胜任力有 3 个重要特征：

（1）与工作绩效有密切关系，甚至可以预测员工未来的工作绩效；

（2）能够区分优秀员工和一般员工；

（3）与任务情景和岗位相联系，具有动态性。

提升员工的岗位胜任力是提升人效的基础，也是实现员工岗位价值最大化的根本要求。要提升员工的岗位胜任力，我们可以从以下方面入手。

第一，提升人岗匹配率，做到人尽其才，岗得其所。造成人岗不匹配的主要原因有：①对从事该岗位的人员所需具备的特质、能力和任职资格缺乏足够的了解；②人员选拔缺乏标准，面试选拔精准度不够；③对岗位的工作内容缺乏清晰、有效的说明；④缺乏有效的管理，员工发挥工作效能的环境与条件存在问题。要想提升人岗匹配率，就必须从以上4点进行改善。

第二，加强员工的岗位技能训练，减少岗位胜任差距。美国培训专家吉格·吉格勒说："除了生命本身之外，没有任何才能不需要后天的锻炼。"通过紧紧围绕岗位胜任标准，有针对性、持续地加强员工的岗位技能训练，提升技能水平，从而减少岗位胜任差距。

第三，建立有效的激励机制，提升员工的岗位责任感。尼采说：知道"为什么"的人几乎能够克服一切"如何做"的困难，当员工真正明白做一件事的意义时，他去做这件事的主动性与责任心便会大大增强。而有效的激励机制是提升员工主动性与积极性的重要手段，通过有效的激励机制，提升员工的岗位责任感，从而加速员工提升岗位胜任力。

第四，做好员工的职业生涯引导，及时完成岗位角色的转变。作为企业，要为员工提供多层次的职业发展通道，并根据员工的自身特点，对其职业生涯进行客观的分析、指导；同时，当员工转岗或晋升时应帮助其快速完成角色的转换，加强技术指导与管理引导，从而帮其快速适应新的岗位。

7.6.2　聚焦人效突破的有效方法

人效是衡量人力资源投资回报率（ROI）的重要指标，也是衡量企业综合竞争力的关键指标。人力资源发展到4.0的人才驱动阶段，不仅仅是把工作重心放在规范员工行为、培养员工技能、考核员工业绩，更应该将注意力集中到发挥员工优势、激发工作的积极情绪、成就员工事业等领域。以人为本的"人效"突破就是要从根本上突破人力资源旧的思维模式，不再是管理人力资源，而是开发人力资本；不是让员工解决短板问题而是更好地用好自己的优势；不是让员工因绩效考核而努力工作，而是让员工因自我价值创造的快乐而努力工作。

聚焦"人效突破"具体反映出来的是聚焦三个方面。

第一个是效果方面。即人在岗位中做了什么事情，这个事情不仅仅体现在数量多少，还在于质量好坏。准确地讲，应该是创造了多少价值。如果一个员工每天都在加班加点，但对企业来说没有价值，那也是徒劳。

第二个是效率方面。做好一件事情，花了多少时间。同样一件事情，在同等条件下，有些人做好，花三分钟；而有些人，可能要花三个小时。不同的时间反映的就是做事效率。

第三个是素质方面。是为了确保能够进行岗位履职，对人的价值观、个性特质、知识和技能的要求。

人效的三方面：效果、效率和素质，效果是"果"，效率和素质是"因"，素质决定了效率，效率又在影响着效果，这三方面互为因果，又相互促进。只有这三方面的综合体现，才是真正意义上的人效，决定了事情需要多少人来做。

效果、效率和素质，任何一方面缺失，都会直接影响了人效。据 IBM 数字化研究中心的调研数据来看，有的产业工人所做的事，在同等条件下，其他产业工人数量需要三至四倍。导致这个差异的，就是背后的工作效果、效率和人的素质问题。人效提升与突破需要关注以下三个要点。

1. 要将员工的行为聚焦到企业目标与价值创造上来

通过有效的目标分解与及时的沟通，一方面要让企业目标渗透到企业运营的最末端神经网络——员工身上，让员工充分明确要做什么，做到什么标准；同时，也可借此了解企业各层级员工的想法到底是什么？对目标的理解程度如何？需要什么资源支持等。围绕目标自下而上地沟通，是要员工能充分吃透和理解领导对自己工作的要求和期望，以及由此提出自己对目标的看法，寻求领导的理解和支持。这种交互式沟通，其价值不仅仅在于目标的分解落实，更重要的是使上下之间达成共识。有共识，才有执行的基础，也为人效提升提供了可靠的保障。

2. 要做好针对性的员工赋能

围绕工作职责和年度目标达成，员工、员工领导及 HR 部门要能充分检审员工的素质现状，明确差距，并针对差距，三方作出共同努力，通过各种方式和路径，提升素质短板，提升员工匹配职责和目标的素质，支撑职责履行和目标达成。需要指出的是，当前相当一部分企业，光有下达目标的行动，却没有随之而来的赋能支持，造成有些员工"有心无力"的现象，这也直接影响了目标达成。

3.确保做到全方位协同

目标的达成，仅靠个人之力是有局限性的，唯有集众人之力，让 1+1>2，才有目标最终实现，甚至超越目标结果。为此，目标的具体承担者，需围绕目标进行行动策略分解，明确要达到的目标结果、平时要做好的事、这些事需要的支持配合及达到的时间和结果；然后围绕这些行动策略，做好与相关人员的沟通交流，以取得他们的支持。这种方向明确，有目的的协同，就会产生聚合力，进而催化目标更为高效达成。

第**8**章

迈向卓越：智慧型组织建设与人才展望

一流是企业的发展方向，卓越是企业的永恒追求。卓越的组织一定是智慧型的组织，懂得不断反思纠正、不断进化；懂得时刻保持危机意识，居安思危；善于抓住机遇，迎难而上，顺势而为。

8.1　反思复盘：总结组织经验，避免再次犯错

复盘源自围棋术语，也称"复局"，本意是对弈者下完一盘棋之后，重新在棋盘上把对弈过程摆一遍，看看哪些地方下得好，哪些地方下得不好，哪些地方可以有不同甚至更好的下法等。这个把对弈过程还原并且进行研讨、分析的过程，就是复盘。通过复盘，棋手们可以看到全局以及整个对弈过程，了解棋局的演变，总结出和不同对手过招的套路，找到更好的下法，从而实现自己棋艺的提升。

复盘为什么有这么大的作用？因为复盘是一种高效的学习方式。现在有各种各样的学习方式：碎片化学习、去中心化学习、在线学习、企业内训等。这些学习从根本上改变的是从资讯到人的渠道，人们获取资讯的方式比之前丰富得多。那么，如何学习外部资讯？如何学习他人的经验？如何将知识变为自己的能力？很多的时候需要一个转化，复盘是一个最好的转化工具。现在，管理复盘被广泛运用于企业的日常经营管理中，像联想、IBM、华为等知名企业也都采用了这种方法。

组织学习大师彼得·圣吉曾讲过：从本质上看，人类只能通过"试错"学习。复盘，就是从曾经试过的错中学习，把经验和教训变成组织能力。

8.1.1　复盘是企业走向成功的基石

联想集团柳传志说，做完一件事情后，无论成功与否，坐下来把当时预先的想法、中间出现的问题、目标没达成的原因等因素整理一遍，在下次做同样的事时自然就能吸取上次的经验教训，这就是复盘。

复盘又称行动后的反思或回顾，是目前知识管理实践中应用最广泛的工具之一。复盘是一个简单而有效的过程，团队从过去的成功和失败中吸取经验教训，以改进未来的表现。它也是一个结合了技术和人为因素的快速报告工具，为团队提供了反思一个项目、活动、事件或任务的机会，以便下次可以做得更好。

特别是在联想，复盘已经变成了企业文化中的重要方法论之一。柳传志强调，

复盘即指做过的事情，再从头过一遍，目的是不断检验和校正目标，不断分析过程中的得失，便于改进，不断深化认识和总结规律。对于联想的发展和组织智慧的积累，复盘起到了非常重要的作用。

联想式复盘就是要考查"当初是怎么定目标的"和"现在做成的结果"之间的差异，然后根据差异分析原因，寻找解决方案，并开展后续的行动。联想式复盘就是不断地小步迭代，把做过的事情重新推演一遍，通过反思与总结，可以将经历转化为经验。

复盘一般包括回顾目标、评估结果、分析原因和总结规律四个步骤，如图 8-1 所示。

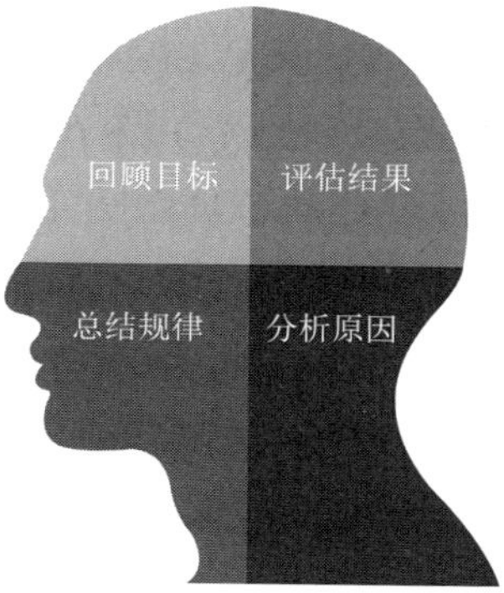

第一步，回顾目标。不忘初心，方得始终，在组织发展的道路上，切忌目光局限，迷失方向。需要定期盘点，回顾自己的目标，包括整体目标、分类目标、阶段任务目标等。

第二步，评估结果。每个阶段，组织的工作状态怎样？工作成果如何？哪些工作有计划并且完成了，哪些工作有计划但没有完成，出现了哪些计划外的临时状况；上个阶段，哪些工作做得很出色，有什么数据支持，哪些工作遭遇了挫折，又有哪些量化的损失；这些客观事实，能够把团队上阶段的行动状态展现在领导和员工面前，以便为下一步分析进行准确的判断提供帮助。

图8-1　反思复盘的四步骤

第三步，分析原因。我们需要分析上个阶段的工作亮点在哪里，原因是什么；短板在哪里，背后由哪些因素造成的。

第四步，总结规律。成功的原因是否可以复制？失败的因素是否可以避免？成功和挫折是否可以让我们在后续的竞争中表现更好？可以获得哪些理念？建立哪些长效机制？下一步的工作是否因此进行调整？这就是组织要总结的规律。

复盘又可分为事件复盘、方法论复盘和价值观复盘。事件复盘是对过去的事件进行总结复盘，以总结其中的成功经验或失败教训，有时失败的教训对管理更有价值。方法论复盘是对过去工作中优秀方法或失败方法进行复盘，重点是对工作中的方法进行有效的提炼、总结。价值观复盘就是通过复盘不断筛选我们在做决策、判断时价值观的正确性，从而提升我们做下次决策的速度与正确性。

8.1.2 避免犯错的组织经验总结

1. 华为与丰田的复盘方法论

华为有一种复盘方法叫"民主生活会"，它是华为始终坚持的一种管理方式。会议每三个月或半年举办一次，要求全体中高管理层参与其中，包括任正非。民主生活会通过批评与自我批评的方式，旨在以平和、开放的心态去总结项目中的经验、避免重复犯错。华为的"民主生活会"是华为自我纠偏的利器，是提升组织氛围的法宝。老子说："知人者智，自知者明。"自我批评说起来容易做起来难，要敢于丢掉面子，敢于暴露皮袍下的小我，没有胸怀和勇气是做不到的。自己认识自己不容易做到，正视自己的缺点和错误更难做到。

在日本丰田汽车公司，流行一种叫作"追问到底"的管理方法，也被称为"5WHY"分析法，即对公司最近发生的每一件事都采用追问到底的形式，找出最终原因。比如，公司某台机器出现了故障，可以根据以下线索追问。

问："为什么机器不转了？"

答："因为保险丝断了。"

问："为什么保险丝会断？"

答："因为超负荷而造成电流太大。"

问："为什么会超负荷？"

答："因为轴承枯涩不够润滑。"

问："为什么轴承枯涩不够润滑？"

答："因为油泵严重磨损导致吸不上来润滑油。"

问："为什么油泵会严重磨损？"

答："因为油泵没有安装滤器，导致铁屑混入。"

2. 组织经验总结的价值

组织经验的分析总结，就是对于每一个曾经出现问题的环节都进行认认真真的分析，研究出错的原因，找准致错的症结，同时及时进行纠错，形成问题案例集成，在组织中开展全面的问题复盘，避免再次犯错。与此同时，组织中的单独个体和组织自身都有内在的惯性需要克服，这种惯性是可能导致问题重复出现的潜在因素。问题复盘的同时就要有效消除内在的错误惯性，因此复盘的过程本身也是一个辅导的过程。

在复盘过程中，需要让组织成员去觉察怎样才能从过去的经验中学习，同时更需要引导他们学会从团队的伙伴身上学习。此外，复盘同样也需要进行流程的设计，要不断对学员进行心理调适。毕竟复盘是总结过去存在的问题，甚至是直面过去的错误和问题，这种情况下对于参与复盘和经验总结的组织成员来说还是很有压力的。很多成员在刚开始的时候是敷衍的、茫然的、困惑的、抵触的，甚至是抗拒的。但他们后来变得淡定，坦然地接受和面对过去的问题，在这个过程中，需要重点督促成员思考，让其权衡改变行为带来的利弊，从而产生改变行为的意向、动机；促使他们做出自我决定，找到替代行为；消除或减少原有行为诱惑，通过自我强化和学会信任来支持行为改变。

通过小事及时复盘、大事分阶段复盘、事后全面复盘，回顾、总结、反思所得出的成功和失败的经验，都会变成前进路上的营养，让组织走得更快、更远。

8.2　团队赋能：让每个人都有价值，让每个人发挥作用

8.2.1　VUCA时代的员工赋能

"赋能"一词由阿里巴巴集团学术委员会主席曾鸣教授在《重新定义公司》中提出：未来组织最重要的功能已经越来越清楚，那就是赋能，而不是管理或激励。

从字面上的意思来看，赋能就是"赋予员工能力"，这是对新型组织的要求。在过去，组织一般都是"金字塔型"的结构，中心化、自上而下的管控以及规范的制度与流程是这类组织的特点。但随着技术的不断发展，越来越多的组织感觉到这种传统的组织架构已经无法适应当今"错综复杂"的时代。

在 VUCA 时代，"灰犀牛事件"或"黑天鹅事件"一直在不断发生，我们所面对的事物已经从"复杂"变成了"错综复杂"。在过去，优秀与卓越的组织经受住了"复杂"环境所带来的挑战，不过面对"错综复杂"，那些原本看似"大而不倒"的企业接连遇到灾难，并对此显得束手无策。"当时代抛弃你时，连一声再

见都不会说""赢了所有竞争对手，却输给了时代"这样的感慨比比皆是。

面对 VUCA 时代，"赋能"便是组织对管理模式的变革。对于组织来说，一定要重视那些具有创造力、洞察力以及对外部环境具有强大感知力的员工，他们不仅是合格的岗位劳动者，更是企业的重要宝藏，而"赋能"就是激发这些人潜能的重要手段。与此同时，对员工的"赋能"不能被视作一项单独的任务，而是需要一个复杂体系的支撑，使员工能独立自主地思考、决策、行动以及把控工作质量，员工自己的命运让他们自己掌握。

赋能型团队的核心特征是自上而下，激发每一名员工的内驱力，在尊重个人意愿与观点的基础上，共启愿景与价值观，形成团队合力。海尔张瑞敏说："以人为本，以人为中心，一定是无限的成长，因为人的价值是无限的，企业即人。"VUCA时代下，企业必须改变自己的思想、行为和经营模式，为组织和团队赋能，重视人的价值。只有这样，才能真正拥有未来。

面对 VUCA 时代的人力特征，企业需要从以下三个角度进行"员工赋能"的基础建设。

1. 重新定义员工的角色

基于传统金字塔形组织的特性，企业的管理者容易在组织内部形成潜移默化的官僚思维，将上下级之间的关系和组织秩序维护理解为"掌控"。但如今的员工并不满足在安稳的组织结构里，尤其是那些优秀人才，他们更期望能有一家重视他们的企业，而不是在一家利用他们的企业耗费青春。

企业应重新将那些为组织效力的优秀人才定义为"战略伙伴"。管理者们必须转变自己的意识，从过去"监工式"的管理角色（看管员工，让其劳动）向"园丁式"的教练角色（呵护员工，助其成长）转型。这是一种意识与思维的转变，对管理者来说，他们需要重新审视自己所拥有的权力，适当下放权力，实现责任的共同担当。

2. 以"员工为导向"调整各项政策

传统的金字塔结构组织在多年的发展过程中已经形成了一套完整且规范的制度、体系和流程，并且绝大部分已经沿用多年，甚至没有进行过修改与优化，这些"过去的经验"对于 VUCA 时代下的新型员工来说，能够产生的正面价值是有局限性的。

在过去，很多企业认为自己的规模与品牌都是强大的优势，只要为员工提供不错的薪酬以及清晰的职业发展路径就能吸引人才源源不断地加入。但现在看来，如今的新生代员工已经不再看重这些要素，他们更注重自身的成长以及在组织内部的体验。企业必须从过去简单的"以利诱人"向"以心化人"转型，这就需要企业全面优化自己的制度、体系与流程，更注重员工的职业体验与职业成长。

3. 信息共享让员工获取必要的支持

在传统的金字塔结构当中，信息的传播总是自上而下的。当信息传递到基层时，信息的时效性、真实性以及精确性已经大打折扣。

想要对员工赋能，自上而下的单一信息传播机制不再适用，企业需要建立的是实时共享的信息传递。只要是与企业经营、发展与变革等相关的信息，在最大允许范围内迅速让企业全员知晓。不要太在意让员工知晓这些信息后会引发大家的不安，因为这是必须经历的过程，但让员工尽早知道，加上企业对其的沟通与解释，反而更容易被员工接受，让他们意识到自己是企业的一分子，只要还期望在企业工作，就能让其自发地投入工作当中。《孙子兵法》曰："上下同欲者胜"。及时的信息共享与有效的团队沟通是打造"上下同欲"式团队的有力法宝。

8.2.2　建立团队赋能的实施途径

企业在面对 VUCA 时代的团队建设时，要通过不断地给团队赋能，成就团队的更大价值，达成团队的共同目标。一个有效的组织离不开紧密合作的团队，"团队赋能"学习模式，让整个经营团队集体成长。但团队赋能不是简单地找培训师给组织成员上课，号召大家主动承担，而是要形成一套机制，这个机制使所有组织成员能够自动自发，不断实现组织的目标。

1. "赋"有所需——建立匹配员工能力需求的赋能类型

能力素质模型将员工能力分为三种，其中全体员工具备的工作胜任力被称为通用能力，多角色需要的技巧和能力被称为可转移的能力，一些特定角色所需要的能力被称为独特的能力。戴维·麦克利兰又把人的素质分为知识、技能、自我概念、特质、动机五个层次，其中知识和技能是浅层次的基准性素质，自我概念、特质、动机是深层次的鉴别性素质，两种素质性质的划分也就代表了一般者和优秀者的划分。

综合上述理论，有必要对员工能力进行分层。为充分了解员工实际情况、准确评估员工需求，通过员工能力盘点，形成一张清晰明了的"员工能力分布图"，如图8-2所示。

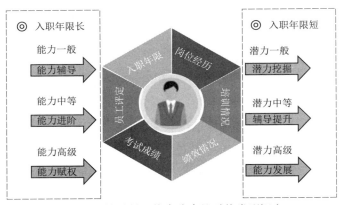

图8-2　基于员工能力分布的赋能类型评定

2."赋"有所途——量身定制打造员工赋能课

在完成员工能力分层及赋能类型的划分之后接下来要量体打造"员工赋能课"。我们可以从"管理引导+理论培训+实战赋能"三方面来进行。

（1）管理引导。

管理引导主要是通过制定"能力说明书"的方式进行指引,如标准化操作手册、岗位胜任力说明书、工作手册/绩效手册/流程手册、管理办法、工作方案、工作思维导图等，通过"说明书"的方式来设定明晰的能力杠杆，赋以明确的操作方法和步骤，施以具体的衡量戒尺，通过可量化、可操作的具体方法引导员工有所为有所不为，教给员工怎么做以及怎么做好。

（2）理论培训。

理论培训主要通过理论教学、研讨等方式开展。理论培训要结合员工岗位成长需要、个人成长需要来科学设定，分对象、分阶段有序进行，通过"赋能式"理论培训实现工作思路和方法的有效传导，通过案例教学、专家经验分享、技能能手现身说法等行之有效的方式来增强培训的情景性。除此之外，要通过课程的延续性来跟踪员工培训后的成长变化，实现事前、事中、事后的有机串联，以确保赋能课程的成果转化。

（3）实战赋能。

主要是通过本岗位提升和轮岗历练的方式开展。一是将"管理引导"和"理论培训"的内容充分融合到本岗位的实战应用中，在员工的实战应用过程中见机指导，围绕既定目标实现效果强化。二是适当建立轮岗制度，一方面改变员工的惯常环境，给员工增加一些挑战，消除员工的岗位倦怠感；另一方面也通过岗位流动来促成换位思考，强化岗位之间的理解和配合；其三，可以通过轮岗的方式给员工提供施展才华的场地，从而更加直观地促进人才挖掘。

3. "赋"有所成——形成员工赋能"附加值"

形成员工赋能"附加值"，就是充分发挥"原动力"。

一是"授权式原动力"。当员工能力达到一定程度后就可以适当为员工授权，形成"让人做事"的管理效应。授权员工拥有自行决定并且可在一定范围内调动特定资源的权利，这样一方面可以激励员工，增强员工的成就感和归属感；另一方面又可以更高效地实现问题解决，降低管理成本。

二是"延伸式原动力"。即通过"赋能—培养—复制"的模式将员工培养成教练，通过传帮带的方式形成员工拉手式"赋能链"，实现人才培养的良性循环。

三是"感染式原动力"。通过典型榜样塑造来形成原动力的良好氛围，员工不仅具备自我赋能的意愿和行动，更能够主动成长为教练去帮助其他员工赋能，每名员工既是能量的吸收者，又是能量的发起者，形成团队的整体赋能效应。

团队赋能力求达到最佳效益，一方面是让员工本身确有收获，增强员工获得感和成就感，激发工作干劲，增强工作效果；另一方面又能通过员工成长来降低企业管理成本，促进员工价值转化，成为企业发展的资源。而企业通过对赋能场景的持续性构建能够实现个体激活到组织激活的递进式提升，不断增强调配个人、组织、企业三者之间关系的能力，而且能够厚植内动力，增强外控力，助推企业竞争力循环式增长。

8.3　组织进化：智慧型组织建设与创新机制

8.3.1　智慧型组织进化的能力基因

查尔斯·罗伯特·达尔文在《进化论》中告诉我们：适者生存，不适者被淘汰。

一个智慧的组织，是能够不断地预测外部环境的变化，并及时调整自身结构，以持续适应外部环境变化，从而长远生存及发展下去的组织。当企业具备进化型组织的条件后，就会形成一个开放的系统，就会不断地通过自组织、自适应来预测环境、改变自己，通过不断向更高的层级进化来应对环境的变化，长远地生存，这样的智慧型组织往往具备五种基本能力，如图8-3所示。

（1）生产能力：除了知道如何生产产品和服务外，更需要知道如何运用知识与科技，更有效地管理生产与作业流程，以最经济、最有效的方法将产品提供给顾客。

（2）预期能力：除了能迅速响应市场需要，还要能预见大环境，预期未来的变化，才不会因低估了整体发展，让竞争对手崛起，侵蚀到手的市场。

（3）创造能力：企业价值的提升有赖于创造知识的能力。知识的创造可以有很多种形式，可能是新的研究发展，可能是现有知识的创新应用，也可能代表对未来有更深的了解。

（4）学习能力：学习型组织对企业而言，已不再是全新的观念，企业必须营造组织学习的气氛，鼓励员工勇于创新，从经验、训练中学习，从竞争者、同事、客户中学习。

（5）环境塑造能力：智慧型的知识工作者将具有更多的工作选择权，他们不再固守同一岗位。但是企业必须明白，一旦知识工作者离开了，随他而去的也包括他所拥有的知识和技能。因此，对智慧型组织来说，最大的挑战在于如何创造一个充满活力、知识共享及持续成长的环境，来吸引并留住人才。

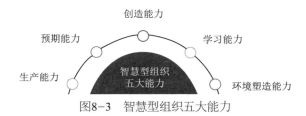

图8-3　智慧型组织五大能力

每个组织都有两个愿望：一是做大做强，在空间上要扩张；二是成为百年老店，在时间上要长久。对于组织的进化，可以更通俗地理解为一个组织达成这两个愿望，不断适应环境并且自我扩张的过程。组织的进化是由组织的内在"基因"控制并发挥着影响。

组织的基因有两种，分别是创新基因和模仿基因。创新有三层含义，分别是更新、创造和改变；模仿则是重复他人行为的过程，是学习的过程。创新和模仿是人类与生俱来的生命属性，这种天然的生命属性在组织当中，由成员个体属性进化成组织成长基因，结合智慧型组织具有的五种基本能力，共同推进组织的不断进化。

8.3.2　智慧型组织的学习创新

智慧型组织具有持续学习的能力，能够透彻了解并预测其生态环境中各种关系（如竞争、合作、竞合或共同进化），且能根据环境的动态变化适时调整自身与环境之间的关系，及时做出对策，从而制定正确的竞争策略和管理方式，并且持续更新、进化。

智慧型组织结构形态多样化，能够根据不同的部门特点采用不同的组织形式，以提高自身环境适应力。在智慧型组织中，学习只是一项必备的基本要素和需求，变成了一种基本的竞争要素和生存方式。智慧型组织是对学习型组织的一种进化与升华。智慧型组织因其智能性、弹性、适应性成为组织发展必然趋势。通过组织学习能力和创新机制的建设可以提高企业的竞争能力，从而保持组织的长久生命力。

1. 创新智慧型组织的学习能力

智慧型组织的学习能力有三个方面的含义：第一，组织有学习的愿望，这需要目标的树立和牵引；第二，组织有学习的毅力，这需要完善的激励保障机制；第三，组织有学习的能力，这需要组织不断向历史学习。智慧型组织将学习能力定义为组织进行更新和运作模式变革的能力。要求组织不仅能够看到新的竞争力领域，而且能够重构新的竞争空间，有能力随时接受更新，并将这些能力付诸实施。

2. 创新智慧型组织的建设载体

积极开展创建学习型组织、争做学习型员工等各种形式的学习活动，大力营造建设智慧型组织浓厚氛围。允许员工根据自己的爱好选择学习内容，鼓励员工在智慧型组织建设活动中张扬个性、培育亮点，同时，对于企业规定学习的则要求员工必须完成，例如岗位应知应会、企业文化理念、企业发展形势和任务等，通过多种形式激发职工参与智慧型组织建设的积极性。

3. 检验智慧型组织的创新成效

在企业发展的实践中，充分激发组织成员的积极性，大力开展有关生产、技术、经营、管理等主题的组织创新。在巩固学习活动成果的基础上检验创新成效，用促进组织创新发展的实际成效来检验学习成果。通过大量创新创效活动的成果转化，将学习知识应用到实际工作中，在推动员工个人能力的提升的同时，为企业持续保持创新动能创造新的支点。

8.4　人才展望：面向未来的人才培养战略

如何理解人才培养战略？关于人才培养战略有一个精准的描述——企业管理应该确保组织能力与工作流程能够在适当的时间、适当的时机可持续地提供适当的人才，以满足短期和长期的商业目标。简单概括可以称为人才供应链。面向未来的人才培养战略，不仅要满足当前的人才供应，更关键的在于需要完成未来人才供应链的重构。

8.4.1　把握面向未来的人才培养趋势

面向未来的人才培养战略，其核心前提是面向未来。在不同的历史时期，面向未来有不同的具体内涵，在当前的世界发展格局下，不论任何国家、地区和组织，都共同面临两个发展趋势。

1. 全球化趋势

全球化的趋势从哥伦布时代就已经开始，近年来由于经济的发展、交通的便利带来了人员在全球范围内的快速流动，再加之信息技术的普及，使得全球信息交换的成本大幅下降，效率大大提高。今天的"全球化"与历史上任何一个阶段的"全球化"都有所不同，它不再是大国君王起主导作用的"全球化"，也不再是跨国企业扮演独一无二角色的"全球化"。生活在今天这个"全球化"时代的每一个人都可能影响他人，影响世界，这是一个万物互联与信息高度透明的时代。

2. 科技化趋势

麻省理工学院经济学家的研究成果表明，从 1960 年到 2010 年美国劳动力市场上劳动技能的需求变化，常规认知、常规手工劳动和非常规手工劳动的需求都在下降，特别是 20 世纪 70 年代以来更是直线下降，这与个人计算机的出现、互联网技术的快速发展和机器大生产替代人的手工劳动都有着密不可分的关联。但非常规认知和非常规人际互动的技能需求却在直线上升。

何为非常规认知？主要指分析、判断、批判、创新、决策等高阶思维；而非常规人际互动也不是传统社会那种简单的上传下达或者同质群体间默契的互动方式。现代社会的扁平结构和异质群体的复杂多样性使得人际互动中的冲突变得更加明显，进而要求活动的内涵更加丰富细致。如何在冲突的环境中友好和平地解决问题，这是今天这个时代对非常规人际互动提出的最大挑战。

基于以上两大社会发展的基本趋势，国际社会早在 20 年前就开始思考应对社会变化都需要哪些核心素养。尽管不同的国家和国际组织有不同的说法，但经过总体提炼可以得出"沟通、合作、批判、创新"四个共同要素，被称为新时代人才的 4C 核心能力，如图 8-4 所示。

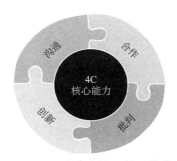

图8-4　面向未来的4C核心能力

基于面向未来人才的 4C 核心能力，要求组织越来越开放，更加关注人才的沟通、创新与合作意识的培养，同时这个培养是与时俱进、动态持续的。

8.4.2　构建面向未来的人才发展战略

1. 面向未来的人才战略的三个关键要素

面向未来的人才战略的三个关键要素包括人才供应链、关键岗位策略和人才系统打造，如图 8-5 所示。人才供应链主要是指人才供应的数量（有没有人用）和质量（好不好用）。关键岗位培养策略是基于二八原则，锁定 20% 的关键岗位，产生 80% 的绩效。人才系统打造包括人才培养基地建设、人才培养机制与流程的完善。

图8-5　面向未来的人才战略构建三要素

（1）人才供应链。

人才供应链的实操方法，是基于企业战略与动态人才管理，以胜任力模型、任职资格体系为核心，系统分析人才标准、人才盘点、人才规划、人才培养、人才供给、人才效能等高效人才供应链建设的主要内容，建设支撑企业战略、提升组织能力与员工发展的"人才蓄水池"和人才管理的动态机制，实现人才的最大化供给。通俗地说，人才供应链负责解决企业未来的人才数量（有没有人）和质量（好不好用）的供应。

（2）关键岗位培养。

在进行组织的人才战略规划前，必须清楚地建立企业的关键岗位，包括关键的管理岗位以及核心的专业岗位。不同的企业组织具有不同的关键岗位。每家企业对于关键岗位的界定并不一致，需要通过分析组织的岗位结构以及未来的战略布局进行确认。根据二八原则，往往20%的关键岗位能创造80%的绩效，因此，关键岗位与关键人才的培养是未来人才战略的重点工作之一。

（3）人才系统打造。

人才系统的打造包括人才培养基地的建设，以及人才培养机制与流程的完善，也就是说从硬件与软件两个维度来综合打造人才系统。对于培养基地的形态可以不一而同，但是不论是一个硬件型存在的机构，还是说仅仅是一个虚拟的培训部都没关系。一个人才培养基地是否具备人才培养的能力，并不是以这个人才培养基地是否有硬件来决定的，而是看其是否能时刻关注"战略、运营和员工成长"这三大要素，能否快速产出组织所需要的人才。同时，要完善面向未来的人才培养机制与流程，也应及时关注"战略、运营和员工成长"这三大要素，全方位打造有利于面向未来人才战略的育人、用人、留人环境。

2. 面向未来的人才战略管理基本流程

面向未来的人才战略规划，其源头必然是以组织的业务战略为初始，也就是企业的经营目标，只有确定了经营目标以后，才能够明确为了达成目标所存在的人才缺口，也就是满足需求的人才。

然后要有可持续供给的机制，也就是企业有没有人才梯队，有没有招聘的预算规划等，或者说有的人才通过借调轮岗的方式做一些补充，这都是可持续的供给机制。

最后一个是制度和流程保障。企业组织中有关人才标准、人才规划、人才盘点、人才培养、人才供给、人才效能、招聘制度、培养制度体系等，都是人才培养战略所需涵盖的制度和流程。

因此，我们把面向未来的人才战略管理基本流程梳理为以下 4 个步骤，如图 8-6 所示。

图8-6　面向未来人才战略管理的基本流程

1. 明确目标：明确企业对未来人才发展的要求

首先要梳理企业的战略，明确企业人才发展的策略；其次要聚焦企业内部目前及未来的关键岗位；再次是进一步定义符合企业未来发展的人才标准。综合以上因素，我们来确定企业对未来人才发展的目标与具体要求。只有明确目标与要求，面向未来的人才战略管理方向才不会跑偏，相关工作才能高效执行落地。

2. 寻找差距：人才盘点和人才库建立

如果说人才战略管理的第一步是"我们要什么"，那么第二步应是"我们有什么"。通过对组织现有人才的盘点，了解组织中目前人才的现状与差距（包括数量与质量两个维度），做到胸中有数；同时，进一步完善人才库的建立，在加强现有人才管理的同时，加强对未来人才的储备。

3. 提供方法：如何保障人才的持续供给

保障人才的持续供给是人才战略的关键，问题是如何才能保障未来组织发展所需的人才供给。我们可以通过运用人才发展的多种措施，首先想方设法扩展人才招聘的渠道，保障人才供应的数量。其次加强人才的系统培养、人才发展计划的个性化制订、人才梯队的打造、关键岗位继任者培养计划的制订、特殊人才的预先培养等，为未来的人才需求做好提前预判与提前储备。

4. 完善保障：完善人才管理的制度与流程

制度与流程是保障人才战略落地的重要武器，包括完善的人才招聘制度、人才培养制度、继任者制度、定期的人才盘点及绩效考核制度等。通过制度与流程的完善，一方面吸引与保留组织现有的优秀人才，激发优秀人才的工作活力与创造力；另一方面保障了未来人才战略的落地与实施。

总之，面向未来的人才战略是预先性的战略人才需求，企业应投入做防范性的设计，打好提前仗，不要等到组织人才青黄不接的时候，才想到如何去招人、储备人才，这样会给企业的工作带来很大的滞后性。

8.5 迈向未来：互联网时代的组织发展与人才挑战

人类社会总是在对上一个时代的继承和否定过程中，获得不断的发展和进步。一个新时代到来，必然会形成与旧时代明显不同的新特征。20 世纪下半叶兴起的新技术革命浪潮，正将人类社会推向一个全新的时代——知识经济时代。

以信息技术和网络技术为核心的第三次科技革命，正在颠覆性地改变工业革命近百年来所形成的经济形态和增长模式。网络环境的开放性、虚拟性、交互性、平等性与共享性等特征使得人们能够通过互联网，与身处不同地域范围的人随时随地进行双向或多向信息交流。由此产生的时空距离的缩短和交易成本的降低使得商业环境发生了巨大变革，企业组织也正面临许多前所未有的挑战。

8.5.1 传统组织管理体系面临的时代变革

现代企业组织管理的规范始自 1910 年的美国古典管理学家弗雷德里克·温斯洛·泰勒。泰勒从工厂管理入手，以标准化管理代替了经验管理，把管理职能和执行职能分开，适应了工业革命和机械化生产的需求，打下了现代组织管理的基础。经其后的亨利·法约尔、切斯特·巴纳德等管理学家和艾尔弗雷德·斯隆等企业家的不断完善和创新，形成了现代组织管理体系。

互联网时代，组织的首要功能是整合和协调资源，以达成战略目标。组织形态林林总总，不一而是。如今互联网连接一切，包括人、财、物，为组织形态变革带来了巨大的新可能。从小组织到云组织，从生态组织到网络组织，如何选择有效的组织形式，提高企业运营效率，是企业面临的重大问题。

源于工业经济时代形成的传统组织管理有三大功能：一是把人组织到一起；二是把资源整合到一起并合理分配；三是推动组织成员为共同目标一起努力。在传统组织管理三大功能的实现上，互联网对其产生了三个方面的挑战。

挑战 1：个体价值提升到与组织价值对等甚至有超越的趋势。互联网发展对组织管理的第一大挑战是互联网推动组织和个体价值出现了不平衡。员工个体价值上升，组织价值下降，员工对组织的博弈能力增加，员工开始挑战现有的组织管理方式，希望从原来的雇佣关系改为平等合作的关系。

挑战 2：信息传播方式变化打破了企业组织边界。过去，在企业组织中，企业信息的传递方式比较单一，正式信息由企业经正式渠道向员工发布，员工与员工之间有非正式信息的沟通，但工作相关信息基本都在企业组织边界之内传播。随着互联网的发展，员工获得非正式信息的渠道空前发达，个体员工更容易得到外部资源的支持，导致组织管理边界被打破，组织管理难度增加。

挑战 3：企业资源组织方式发生根本性变化，从线到面。互联网不只是提高了运营效率，更主要是改变了竞争格局，企业能够运用网络技术手段，把消费者大规模地连接起来，形成强大的倒逼供应链的竞争优势，包括话语权和定价权。这种倒逼，首先是倒逼行业价值链的重构，进而引发企业内部资源组织方式的重构。

被誉为互联网行业的先知、《失控》的作者凯文·凯利说过，未来的组织是类似于一种混沌的生态系统，没有强制性的中心控制，点对点之间的影响通过网络形成非线性因果关系。基于以上三大挑战，传统的组织在互联网时代背景下，必须发生革命性的调整。

8.5.2　互联网时代的组织发展要求

如今是互联网高速发展的时代，外界环境急剧变化，原来发生概率很小的"黑天鹅""灰犀牛"事件频发，导致组织不确定的因素增加。企业经营的商业环境变化越来越快，企业之间的竞争越来越激烈。

管理学大师彼得·德鲁克曾说：营销与创新才是企业的根本。在VUCA时代下，企业要想立于不败之地，必须积极推行变革与创新，变革的主旨在于，让企业时刻保持敢于冒险的精神，围绕企业战略，大胆进行组织变革、人才变革、商业模式变革、文化变革，以适应商业环境变化带来的挑战。

1. 变革组织的发展战略

如今，企业的各类商业模式层出不穷，许多优秀的企业不是被竞争对手打败，而是被跨界的第三者打败。移动互联网、5G技术、区块链、大数据技术给商业发展带来无穷想象空间的同时，也使得企业的发展态势变得越来越扑朔迷离。

在不确定时代，组织战略的制定不再对未来预先设定具体而详尽的规划过程，因为这样已没有太大意义。如今的组织战略仅是一种方向选择，是一种企业对未来的洞察与创新的假设，这需要组织的领导者有超级战略的思路，要敢于突破现有资源和能力，创造性地实现目标，寻找新的战略增长点；要跳出组织来看，敢于跨界或破界，保持开放与融合。

《孙子兵法》云："善战者，求之于势，而不责于人"。优秀的组织在制定战略时，一定懂得紧跟时代的趋势与行业的变化，善于守正出奇，弯道超车。正如互联网思想家尼古拉斯·尼葛洛庞帝说的那句话："预测未来的最好方法，是把它创造出来。"

2. 变革组织的发展形态

组织战略与系统变革的核心应是组织与人。为适应外界环境的变革，有效改善组织的形态，打造一支敢打胜仗、能打胜仗的人才队伍是保障组织不断持续向前发展的有力保障。企业变革的核心目标是如何使组织与人始终充满活力与价值创造力。

传统的组织形态一般是金字塔式的组织结构，强调自上而下的集权与管控，这样的组织形态在工业时代非常合适，但到了移动互联网时代，它的弊端越来越明显。互联网给企业组织带来三个方面的冲击：第一，互联网让个体能力发生变化，原来的个体能力是有限的，如果个体不在一个组织里很难获得资源，但现在不一样了，即使个体离开组织也能获得很多的资源；第二，互联网改变了组织的竞争态势，原来组织在面临竞争时还相对比较稳定，但是现在这种态势被打破，企业一直处于动态竞争之中；第三，互联网时代更强调组织的灵活性与创新性，从查尔斯·罗伯特·达尔文的《进化论》来看，这个地球上能活下来的物种不是最强者也不是最弱者，而是能快速适应环境者。

3. 变革组织的人才管理模式

经营企业的核心是经营人。如今的时代，人才的价值越来越凸显，越来越多的管理理念强调企业要尊重个体的价值和力量，鼓励员工参与；强调鼓励创业的心态、个体自由创新的思维；强调要释放个体的活力；机制大于管理，激活就是价值；强调突出精神的力量，放弃强制性管控；强调自我驱动与价值驱动。

4. 变革组织的管控模式

互联网时代下，组织的管控模式越来越注重三个方面：一是成本控制有效化；二是组织流程最优化；三是人才管理赋能化。

首先从成本控制有效化来看，在如今产品严重过剩、竞争异常激烈、客户异常苛刻的情况下，企业的降本增效成为重要话题，谁的企业效率越高且成本越低，谁就可能成为最后的大赢家。管理学大师彼得·德鲁克说过，企业经营者只要做两件事：第一件是销售，第二件是控制成本。每个企业的运作都要遵循这样一个公式，那就是：收入 − 成本 = 利润。从等式来看，追求利润的方法不外乎二大类：一种是增长收入；另一种是降低成本。在如今的商业竞争环境下，通过增加销售提高收入变得越来越难，要保有利润，降低成本已经成为关键。于是许多企业通过预算管理、精益管理、成本的有效控制来降低企业的运营成本，减少浪费，让企业的钱花在刀刃上。

其次从组织流程最优化来看，流程优化不仅指做正确的事，还包括正确地做事。流程优化是一项重要的策略，通过不断发展、完善、优化业务流程保持企业的竞争优势。通过组织流程优化，一方面防止组织僵化，另一方面能有效减少浪费，提升组织效率。

再次从人才管理赋能化来看，随着 90 后、95 后员工逐渐进入工作领域，组织的管理模式更多地由传统的"管控式"模式向"赋能式"模式转变，更加强调对个体的尊重与激活，更加强调对员工的陪伴成长，给员工提供更为宽松与愉悦的工作环境。

8.5.3 适应互联网时代的人才发展之道

互联网时代的到来正在挑战现行的企业管理模式，传统的人才激励和人才保留政策已经难以适应目前所面临的形势和问题，组织的人才培养模式正受到前所未有的影响与冲击。职能角色的定位、员工需求的个性化、员工价值观的多元化、激励机制和政策单一、信息传递和沟通渠道及方式的变化等，这些与互联网时代特征不合拍的管理现状，都要适时地作出适当的调整，建立起适应"互联网 +"时代背景的人才发展新机制。

1. 立足传统，不断创新人才培养方式

人才培养机制既需要基于传统培训的整体逻辑又需要发散性的创新，将互联网技术运用到培训中。传统的授课方式已经很难引起学员的学习兴趣，需要引进微课、行动学习、情景化教学、直播、线上线下一体化教学等更为灵活多样的培训方式，让学员随时随地地学习，建立系统性与个性化融合的课程体系。现有的培训项目模式、课程模式已不能完全适应行业的快速发展和员工的学习需求，组织中的培训负责人员应积极尝试设计新的人才培养方式，提升人才培养的针对性和效率性。

2. 构建平台，实现人才发展资源共享

培训资源的获取，单靠企业自身难以满足。运用互联网时代的"平台思维"，建立一个培训资源平台，将企业内部的优秀经验、实战案例等形成学习资源，在平台上进行交互，实现知识的共享和增值。利用微信、QQ、OA 等各种社交工具，通过互联网把个人与个人、个人与组织、组织与组织之间连接起来，突破雇佣思维、规避大企业病，形成一个个开放、共建、共享的平台，平台中的每个人都可以成为人才培养的资源供应商。

3. 跨界思维，用大数据挖掘知识价值

将员工学习档案、培训结果运用等数据进行收集、建模、分析，在数据中发现员工诉求，找出人才培养机制中存在的不足和问题，不断完善和优化。互联网时代下，单一的知识结构很难适应不断变化的市场和职场环境，结合互联网"跨界思维"，不拘泥于员工的工作岗位和专业背景，利用大数据连接复合型人才的不同能力区域，使得组织能够最大限度地获取成员的知识价值。

4. 集体学习：工作学习化，学习工作化

俗话说：一个人可以走得很快，但一群人可以走得更远。团队集体学习不仅有利于提升团队的整体能力水平，更可以提升团队中每个成员的能力水平和学习力。

集体学习的形式可以有多种，包括小组学习、分享学习会、读书活动、专题共创学习、参观学习、竞赛学习等。小团队的集体学习讲究效果，不在于形式，也不要搞所谓的"假大空"。

在选择学习形式前，可以先在小团队内部建立知识库。这个知识库包括团队内的各种问题，比如产品知识、流程问题、优秀员工的工作经验、工作中最常见的问题等。并且，要经常对知识库进行整理、调整和更新，以保证其准确性和实用性。员工可以随时进入知识库查阅，这对员工的学习有很大的帮助。

集体学习不仅可以营造团队良好的学习风气，更可以群策群力，相互讨论与交流，可以经常性组织各类专项学习小组，学习目的明确，可以相互交流经验，讨论工作中的问题与难点，集中力量攻关。

同时，团队类的竞赛也是一种很好的学习方式，以赛代练，以练代训。通过"比"促进"学"，这种方式可以让员工在参与的过程中，活跃团队学习氛围，巩固业务知识，提升业务技能。这种理论与实践相结合，学习与趣味相结合的方式，能够一举多得。

5. 提升危机意识：强者恒之，弱者不断进步

一个团队如果没有忧患意识，就是没有进化的动力，容易停滞不前。不敢居于人后，勇于开拓的团队，才能让企业迈向新的台阶。

在挪威，很多人喜欢吃沙丁鱼，但奇怪的是，人们常常吃到的沙丁鱼都是死的，被渔网捞到的沙丁鱼，即便是放在精心准备的海水中，也无法存活。因为沙丁鱼的保质期很短，经过长途运输销往全球，可以食用的就更少了，很多人想出了各种办法，但都不能改变这样的状况。

一次，一个渔夫想出了一个办法，它往沙丁鱼的槽里放了一条鲶鱼，鲶鱼是沙丁鱼的天敌，专以沙丁鱼为食。就这样，这位渔夫的沙丁鱼总是能存活。

原来，把鲶鱼放到沙丁鱼中时，沙丁鱼会产生恐惧心理，就会四处游动，一直保持着高度戒备。渔夫就是用这种方法，让一条条沙丁鱼一直活蹦乱跳地进入了岸上的各大餐厅。所以，心理学家就把这样的现象总结为"鲶鱼效应"。

这个故事反映一个法则：只有充满危机感，团队和个人才能更好地生存。人才在充满竞争和危机的环境下才能加速成长，避免温水煮青蛙的现象出现。

正所谓：弱者面对危机只会恐惧，而强者善于在危机中找到机遇。时刻保持危机意识，人才才会激发活力与生机。

参考文献

[1] 管奇，吴默冬．共情领导力：最好的管理是相互成就[M]．北京：中国铁道出版社有限公司，2020．

[2] 管奇，黄红发，冯婉珊．激活人才：人力资源管理效能突破[M]．北京：中国铁道出版社有限公司，2020．

[3] 张鹏彪，管奇．人力资源管理实操从新手到高手(畅销升级版)[M]．北京：中国铁道出版社有限公司，2019．

[4] 何欣．重新定义培训：让培训体系与人才战略共舞[M]．北京：中国法制出版社，2018．

[5] 王建华．E学习：互联网时代培训攻略[M]．北京：机械工业出版社，2019．

[6] 吴建国．华为团队工作法[M]．北京：中信出版集团，2019．

[7] 忻榕．人才发展五星模型：全面提升企业人才竞争力[M]．北京：机械工业出版社，2014．

[8] 吴静．职业通道：人生规划与事业进阶指南[M]．北京：人民邮电出版社，2020．

[9] 北森人才管理研究院．人才盘点完全应用手册[M]．北京：机械工业出版社，2019．

[10] 茅庐学堂．阿里三板斧：重新定义干部培养[M]．北京：电子工业出版社，2019．

[11] 任康磊．绩效管理与量化考核从入门到精通[M]．北京：人民邮电出版社，2019．

[12] 邱昭良．复盘+：把经验转化为能力[M]．北京：机械工业出版社，2015．

[13] 樊登．可复制的领导力：樊登的9堂商业课[M]．北京：中信出版集团，2017．

[14] 黄红发．人力资源管理笔记：HR晋级之路[M]．北京：人民邮电出版社，2018．

[15] 穆胜．激发潜能：平台型组织的人力资源顶层设计[M]．北京：机械工业出版社，2019．

[16] 汉迪．第二曲线：跨越"S型曲线"的二次增长[M]．苗青，译．北京：机械工业出版社，2017．

[17] 辛占华．老HRD手把手教你做任职资格管理[M]．北京：中国法制出版社，2019．

[18] 赵昂．洞见．[M]．北京：文化发展出版社，2018．

[19] 王鹏程．职场幸福课：把工作折腾成自己想要的样子[M]．北京：民主与建设出版社，2017．

[20] 陈春花．管理的常识：让管理发挥绩效的7个基本概念[M]．北京：机械工业出版社，2010．